Kerstin & Larissa
Brachvogel

UNTERWEGS ZU HAUSE

Unsere Lieblingsrezepte
von nah & fern

KERSTIN & LARISSA
BRACHVOGEL

UNTERWEGS ZU HAUSE

UNSERE LIEBLINGSREZEPTE VON NAH & FERN

INHALT

VORWORT

KANN man unterwegs zu Hause sein oder sogar zu Hause unterwegs? Wir würden spontan mit einem lauten Ja! antworten. Wir fühlen uns dort zu Hause, wo wir uns wohlfühlen, wo wir Zeit mit der Familie verbringen und wo uns das Essen schmeckt, das kann nah sein oder fern. Wenn wir eine Küche haben, fühlen wir uns zu Hause.

Na ja, vermutlich braucht es doch ein bisschen mehr. Zum Beispiel gute Zutaten, die vor der Haustür wachsen, oder gute Gesellschaft, mit der die Ernte doppelt Spaß macht. Zu Hause zu sein bedeutet für uns Wohlfühlessen und Beisammensein. Das sind für uns Gerichte, die an die Kindheit erinnern oder an einen Urlaub mit Freunden, an ein Abendessen, bei dem mehr gelacht wurde, als sonst oder an einen Ort, an dem man nicht ist, aber gerne sein würde. Das sind Rezepte aus selbst gesammelten Zutaten, aus Obst und Gemüse, das schmeckt wie Obst und Gemüse eben schmeckt, wenn es in der Sonne reifen durfte, und mit Gewürzen, die nach Sommer schmecken, auch wenn es gerade Winter ist. Das ist Essen, das man unterwegs essen kann oder zu Hause, das mal schnell geht oder eben nicht – je nachdem, wie sonnig oder verregnet es draußen ist.

Unsere Art des Kochens erfordert keine Küchenprofis, Schnippelkünste oder Stunden am Herd, sondern eher die Liebe zu tollen Zutaten, Großzügigkeit und Geselligkeit. Wir kochen unkompliziert und mit viel Freude. Wenn unsere Küche voll ist mit Gästen, Freunden und Familie, wollen wir uns nebenbei unterhalten können und jeden anpacken lassen, der möchte. Da muss nichts perfekt sein, denn wenn mit genug Liebe gekocht wird, kann das Ergebnis nur begeistern. Auch brauchen wir keine besonderen Küchengeräte – unsere Rezepte soll man überall kochen können, ob zu Hause oder auf Reisen. Zu Hause machen wir unseren Hummus mit dem Stabmixer, in Marokko zerdrücken wir die Kichererbsen mit der Gabel, das geht auch. Unsere Rezepte sollen dazu inspirieren, selbst kreativ zu werden, auf den Markt zu gehen und das zu kaufen, was gut aussieht und Saison hat. Wenn ein Rezept nach Steinpilzen verlangt, die Pfifferlinge auf dem Markt aber viel besser aussehen, dann empfehlen wir auf jeden Fall die Pfifferlinge. Zutaten austauschen, dazugeben oder weglassen – das kann man machen, wie man möchte. Die Rezepte in diesem Buch sind nicht nur unsere Lieblinge, sondern auch die unserer Freunde und Leser. Wir werden immer wieder danach gefragt. Es sind Rezepte aus der Heimat und von unseren Reisen. Dabei geht es uns nicht darum, das Essen ferner Länder authentisch nachzukochen, sondern vielmehr darum, die Eindrücke, Gewürze, Geschmäcker und regionalen Zutaten zu Rezepten zu verarbeiten, die uns und hoffentlich auch alle unsere Leser glücklich machen. Eine Sammlung unserer Lieblingsrezepte von nah und fern für alle, die auf dieses Buch gewartet haben.

KERSTIN UND LARISSA

PANTRY

Es gibt Dinge, die wir einfach gerne zu Hause haben. Im Kühlschrank, in der Speisekammer, in der Gefriertruhe. Dann wissen wir, dass wir in jeder Lebenslage etwas Feines auf den Tisch zaubern können, oder in den Picknickkorb oder den Wanderrucksack. Natürlich geht auch mal das eine oder andere aus. Dafür gibt es bei uns die Vorratstage – das sind meist verregnete Sonntage, an denen nicht viel passiert. Außer der Spaziergang mit unserer Hündin Leni. Perfekte Tage also, um die Vorratskammer wieder aufzustocken.

Einige Vorrats-Rezepte finden sich in den Länderkapiteln, die anderen haben wir hier zusammengestellt. Die meisten Vorräte halten sich, gut verschlossen, ein paar Wochen im Kühlschrank oder in der Speisekammer – bei uns sind sie meist vorher schon wieder aufgebraucht. Und dann hoffen wir auf einen verregneten Sonntag …

UNSERE VORRÄTE

KERNIGES KNÄCKEBROT

Das Rezept für dieses Knäckebrot haben wir mit unserer letzten Weihnachtskarte verschickt, weil wir so oft danach gefragt wurden. Es gehört zu den Sachen, bei denen es sich wirklich lohnt, sie selbst zu machen, weil man mit wenig Aufwand etwas richtig Gutes zaubert. Wir lieben es mit Hummus und Pesto oder zu einem guten Käse mit einem Löffel Feigensenf und backen es besonders gerne, wenn wir unseren Pantry ausräumen möchten. Das Brot lässt sich nämlich nach Lust und Laune mit dem machen, was man in seinen Schränken findet. Wichtig ist, dass das Verhältnis von feuchten und trockenen Zutaten stimmt. Wer ein schönes Mitbringsel sucht, kann die trockenen Zutaten in ein hübsches Glas schichten und als Backmischung verschenken.

ERGIBT 2 KLEINE BACKBLECHE

120 g Mehl

120 g Haferflocken

100 g Sonnenblumenkerne

50 g Sesamsamen

50 g Leinsamen

25 g Hanfsamen

25 g Chiasamen

25 g schwarze Sesamsamen

1 EL geröstete und grob gemahlene Koriandersamen

1 TL Salz

3 EL Olivenöl

Den Backofen auf 175 °C (Umluft) vorheizen. Zwei Backbleche mit Backpapier belegen. Alle Zutaten mit 500 ml Wasser zu einem gleichmäßigen Teig verarbeiten. Auf die Backbleche verteilen und ab in den Ofen. 15 Minuten backen, aus dem Ofen nehmen, mit einem Pizzaschneider oder einem Messer in die gewünschte Form bringen und in weiteren 15–30 Minuten goldbraun backen (je nach Dicke). Vor dem Verpacken gut austrocknen lassen.

KOKOS-NUSS-GRANOLA

Die Kombi mit Zimt, Kokos und Nüssen kommt, dank der Bananen, mit wenig extra Süße aus. Wer mag, kann noch etwas Zitronenschale hineinreiben. Das Granola mögen wir am liebsten mit einem Schuss kalter Mandelmilch und frischen Beeren oder als Topping auf unserem Porridge mit einem warmen Kompott.

500 g Haferflocken

250 g Nüsse und Kerne (z. B. Haselnusskerne, Pekannusskerne, Sonnenblumenkerne, Mandeln)

100 g gemischte Samen (Hanf, Chia, Mohn, Sesam, Amaranth)

2 reife Bananen

2 Prisen Salz

1 gehäufter EL gemahlener Zimt

6 EL Kokosöl

1 EL Vanillekonzentrat oder -paste

4 EL Ahornsirup

75 g Kokosflocken (beste Qualität)

Den Backofen auf 150 °C (Umluft) vorheizen. Zwei Backbleche mit Backpapier belegen. Haferflocken, Nüsse, Kerne und Samen in einer großen Schüssel miteinander vermischen. Die Bananen schälen und pürieren und mit den restlichen Zutaten (bis auf die Kokosflocken) verrühren. Mit den (sauberen) Händen gleichmäßig unter die trockene Mischung kneten. Das Ganze auf die Backbleche verteilen und 15 Minuten backen. Anschließend die Kokosflocken hinzufügen, alles wenden und das Granola weitere 15 Minuten backen. Gut auskühlen lassen, dann in Gläser füllen.

SALZIGES MÜSLI

Ein kerniges Topping für Salate, Suppen, Avocadobrote und eigentlich alles, was auf dem Teller landet.

150 g gemischte Getreideflocken

75 g gemischte Samen und Kerne

2 EL Dukkah oder 1 gehäufter EL Ras el Hanout

Salz nach Geschmack

3–4 EL Argan- oder Olivenöl

Den Backofen auf 175 °C (Umluft) vorheizen. Alle Zutaten mischen. Auf einem Backblech verteilen und in 20–30 Minuten goldbraun backen. Schmeckt auch lauwarm sehr gut als Topping für Salate. Gut auskühlen lassen und dann in ein Schraubglas füllen.

MARMELADEN

HEIDELBEERMARMELADE

750 g Wildheidelbeeren

250 g Gelierzucker 3:1

½ TL gemahlener Zimt

In einem hohen Topf alle Zutaten miteinander vermischen, bis der Zucker beginnt, sich aufzulösen. Wildheidelbeeren sind wesentlich saftiger als Kulturheidelbeeren, weshalb sie sich schnell mit dem Zucker verbinden. Topf auf den Herd stellen und den Inhalt bei mittlerer Hitze unter ständigem Rühren zum Kochen bringen; 3 Minuten köcheln lassen. Währenddessen immer weiterrühren. Gelierprobe machen. Dazu etwas Marmelade mit einem Löffel entnehmen und schnell abkühlen lassen. Geliert diese Menge schnell, den Rest rasch in Marmeladengläser füllen und sofort mit den Deckeln verschließen. Falls die Marmelade noch nicht genügend geliert, weitere 1–2 Minuten kochen lassen.

ERDBEER-INGWER-MARMELADE

Wir wussten sofort, dass wir uns die richtige Küche für unseren Bauernhof ausgesucht hatten, als wir im Küchenladen einen Teller frisch gebackener Scones auf den Tisch gestellt bekamen. Als wir dann die köstliche Erdbeer-Ingwer-Marmelade dazu probierten, die nach dem dritten Scone immer noch genauso gut, wenn nicht sogar besser schmeckte, war uns klar, was wir in der neuen Küche zuerst kochen würden: Erdbeer-Ingwer-Marmelade. Seitdem gibt es zu unseren Scones nichts anderes mehr.

800 g reife, aromatische Erdbeeren

200 g Himbeeren

500 g Gelierzucker 2:1

20–40 g fein geriebener frischer Ingwer
(je nach gewünschter Intensität)

Erdbeeren und Himbeeren in einen hochwandigen Kochtopf geben. Grob pürieren, sodass noch einige Fruchtstücke zu sehen sind. Den Gelierzucker hinzufügen und unter ständigem Rühren zum Kochen bringen. Die Kochzeit beträgt zwischen 3 und 6 Minuten (je nach Hersteller). Nach Anleitung kochen und die Gelierprobe machen, den Ingwer einrühren und nochmals kurz aufkochen lassen. Sofort in Marmeladengläser abfüllen und verschließen.

MANGO-PFIRSICH-MARMELADE

300 g Mangofruchtfleisch

150 g Pfirsich, geschält

250 g Gelierzucker 2:1

2 EL Orangenlikör

abgeriebene Schale von 1 Bio-Zitrone

Das Obst in einem hochwandigen Topf pürieren – ein paar kleine Stücke dürfen bleiben. Den Zucker einrühren, bis er sich aufgelöst hat. Alles aufkochen lassen und nach Packungsangabe verfahren. Meist liegt die Kochzeit zwischen 3 und 6 Minuten (je nach Hersteller). Likör und Zitronenschale unterrühren, noch einmal ganz kurz aufkochen lassen. Gelierprobe machen, in Marmeladengläser füllen und sofort verschließen.

PESTO

HASELNUSS-PETERSILIEN-PESTO

Wir mögen dieses Pesto lieber etwas gröber.

40 g Petersilienblätter

40 g Haselnusskerne, geröstet oder
ungeröstet (je nach Geschmack)

Salz

90 ml Olivenöl

frisch gemahlener Pfeffer

Petersilie, Nüsse, ¼ TL Salz und Olivenöl im Mörser
oder mit dem Stabmixer bis zur gewünschten
Konsistenz verarbeiten. Mit Salz und Pfeffer abschmecken, fertig.

BASILIKUMPESTO

**Der Klassiker unter den Pestos ist besonders
lecker zu Pasta oder im Panini.**

1 Knoblauchzehe

90 ml Olivenöl

40 g zarte Basilikumblätter

50 g Pinienkerne, leicht angeröstet

¼ –½ TL Salz

Knoblauch schälen, sehr klein würfeln und mit ein
wenig Olivenöl goldbraun rösten. Mit dem übrigen
Olivenöl und den anderen Zutaten in einen Rührbecher geben und alles pürieren. Auch ohne Knoblauch super lecker.

PESTO PROVENCALE

Fantastisch in Marinaden für Ofengemüse oder
zu mediterranem Gemüse und Kartoffeln.

10 g Thymianblättchen

20 g Petersilie

10 g Majoranblättchen

50 g blanchierte Mandeln, geröstet
oder ungeröstet

¼ TL Rosmarinsalz

50 ml Olivenöl

40 g Sonnenblumenöl

Alle Zutaten zusammen pürieren.

KORIANDERPESTO

Pesto mit einem Hauch Asien.

1 großes Bund Thai-Koriander, inklusive Wurzeln
(die sind besonders lecker)

½ Knoblauchzehe

1 daumengroßes Stück Ingwer

½ TL Koriandersamen

1 kleine Chilischote (optional)

20 g geröstete Sesamsamen

70 ml Arganöl

¼ TL Salz

Den Koriander samt Wurzeln gut putzen. Knoblauch
und Ingwer schälen und reiben. Koriandersamen
trocken anrösten und im Mörser zerstoßen. Chili
(wenn gewünscht) sehr fein schneiden.
Alle Zutaten, bis auf Chili, in einen Rührbecher geben
und nicht zu fein pürieren. Das Pesto mit Salz und
Chili abschmecken.

DUKKAH

Kerstin und Dukkah kennen sich schon ziemlich lange. Sie lernten sich vor sieben Jahren auf ihrem ersten Trip nach Südafrika auf einem Weingut kennen. Das Dukkah kam in einer kleinen Schale mit geröstetem Brot und Olivenöl zum Eintunken, und es war köstlich. Sobald Kerstin wieder auf deutschem Boden war, vergaß sie es leider – Fernbeziehungen sind nun mal schwierig. Fünf Jahre später schenkte unsere liebe Freundin und Südafrika-liebhaberin Uschi uns ein Gläschen von ihrem selbst gemachten Dukkah als Mitbringsel – wir waren sofort wieder süchtig und wussten, dass wir ganz schnell die Pfanne schwingen mussten, um unseren eigenen, riesigen Vorrat anzulegen. Seitdem können wir uns unser Leben gar nicht mehr ohne Dukkah vorstellen: Es ist nussig und scharf, und eine großzügige Prise davon verleiht jedem Gericht das gewisse Etwas.

125 g Haselnusskerne (Piemont oder Oregon)

75 g Pinienkerne

75 g Sonnenblumenkerne

100 g Sesamsamen

15 g Fenchelsamen

30 g Kreuzkümmelsamen

25 g Koriandersamen

15 g Carom/Ajowansamen (alternativ: 1 EL getrockneter Thymian)

2 EL Pfefferkörner

1 EL Chiliflocken

2 EL Paprikapulver

2–3 EL Meersalz

Eine Pfanne auf schwacher bis mittlerer Hitze erhitzen. Die Nüsse darin für 10 Minuten anrösten, bis sie goldbraun und duftend sind. Währenddessen immerzu mit einem Holzlöffel umrühren. In einer großen Schale beiseitestellen. Nun die Pinienkerne für 3 Minuten goldbraun rösten; zu den Haselnüssen geben. Die Sonnenblumenkerne für 2 Minuten und die Sesamsamen 1–2 Minuten rösten. Beides zur Nussmischung hinzufügen.

Fenchelsamen, Kreuzkümmel, Koriander und Ajowan gemeinsam 2–3 Minuten rösten. Und immer schön rühren, damit nichts anbrennt. Mit den anderen Gewürzen und dem Salz zur Nussmischung geben und alles einmal gut durchmischen.

Für den nächsten Schritt braucht es eine starke Hand und viel Geduld: Den Mix in einem Mörser jeweils in kleinen Mengen bis zur gewünschten Konsistenz zermahlen. Wir mögen es etwas gröber.

In einem luftdicht verschlossenen Glas oder Gefäß aufbewahren und auf Salate, Suppen, Ofengemüse und Avocado-Toast streuen.

GOMASIO

Gomasio besteht im Original nur aus zwei Zutaten: Sesam und Salz. Wir mischen gerne schwarze Sesamsamen oder Chiliflocken dazu, oder auch mal geröstete Fenchel- oder Mohnsamen. Gomasio wird sogar eine heilende Wirkung nachgesagt. So oder so ist es einfach köstlich und eine besondere Alternative zu normalem Salz.

6 EL weiße Sesamsamen

1 EL beste Salzflocken (z. B. Fleur de Sel, Himalayasalz oder ähnliches)

4 EL schwarze Sesamsamen

Die weißen Sesamsamen für 6–8 Stunden in Wasser einweichen. Dieser Schritt ist optional: durch das Einweichen werden die Enzyme aktiviert und Nährstoffe freigesetzt, die Samen werden leichter verdaulich. Falls das Salz noch feucht ist (das ist bei guten Salzen oft der Fall), dieses langsam in einer Pfanne trocken rösten.

Die eventuell eingeweichten Sesamsamen mit einem Baumwolltuch so trocken wie möglich tupfen und anschließend in der Pfanne rösten, bis sie ganz trocken und goldbraun sind. Die schwarzen Sesamsamen ebenfalls rösten. (Wenn der weiße Sesam nicht eingeweicht wurde, kann man beide Sorten gleichzeitig rösten.)

Nun alles zusammen im Mörser zerstoßen – am besten nicht zu fein, damit ein Teil der Samen noch ganz bleibt. In einem fest verschlossenen Glas aufbewahren.

SCHARFE CURRYPASTE

**Unsere Currybasis für ein scharfes Gemüse-Curry.
Wer es milder mag, lässt die ein oder andere Chili weg.**

1 EL Koriandersamen

1 gehäufter TL Kreuzkümmelsamen

10–15 Pimentkörner

2 Gewürznelken

1 TL Zimtpulver

2 walnussgroße Stücke Ingwer

1 daumengroßes Stück Galgant

4–6 Schalotten

3 Knoblauchzehen

2 Stängel Zitronengras

3 Chilischoten

3 EL Erdnuss- oder Sonnenblumenöl

2–3 Zitronenblätter

1 gehäufter TL Salz

Koriandersamen, Kreuzkümmel, Pimentkörner, Gewürznelken und Zimt trocken in einer Pfanne rösten. Ingwer, Galgant, Schalotten und Knoblauch schälen und in grobe Stücke schneiden. Von den Zitronengrasstängeln die harten äußeren Blätter und den festen Strunk entfernen. Die Chilis entkernen.

Alle Zutaten in der Küchenmaschine oder elektrischen Gewürzmühle zu einer feinen Paste verarbeiten. Hält sich fest verschlossen 1–2 Wochen im Kühlschrank.

MILDE GRÜNE CURRYPASTE

1 kleines Bund Thai-Basilikum

1 kleines Bund Thai-Koriander
mit Wurzeln

5 Knoblauchzehen

2 Stängel Zitronengras

30 g frischer Ingwer

½ grüne Chilischote

1 TL Salz

Thai-Basilikum von den Stängeln abzupfen. Koriander samt Wurzeln gründlich putzen, Knoblauch schälen. Die äußeren Blätter und den Strunk der Zitronengrasstängel entfernen. Ingwer schälen und grob zerkleinern. Die Chilischote entkernen.

Alle Zutaten in der Küchenmaschine oder elektrischen Gewürzmühle zu einer feinen Paste verarbeiten. Kühl lagern und schnell verbrauchen.

GEMÜSEFOND

Gemüsefond haben wir immer vorrätig. Er bildet die Basis für so viele Gerichte wie Curry, Suppen und Risotto. Wer einmal einen Fond selbst gemacht hat, möchte nicht mehr mit herkömmlicher Brühe kochen – der Geschmack ist so viel feiner. Das Beste: Man kann alles verwenden, was sonst beim Gemüseputzen und -schälen auf dem Kompost gelandet wäre, also die ideale Resteverwertung. Der klassische Fond ist ein richtiger Allrounder, während der asiatische Fond perfekt ist für Currys und asiatische Gemüsesuppen.

ASIATISCHER FOND

¼ Sellerieknolle

3 Möhren

1 Zwiebel

1 Stange Lauch

1 Bund Thai-Koriander mit Wurzeln

3 Stängel Zitronengras

1 walnussgroßes Stück frischer Galgant

1 walnussgroßes Stück frischer Ingwer

10 Zitronenblätter

1 gehäufter EL Salz

Gemüse putzen, schälen und in große Stücke schneiden. Koriander gut putzen (vor allem die Wurzeln) und mit etwas Küchengarn zusammenbinden. Zitronengrasstängel längs halbieren, Galgant und Ingwer in dickere Scheiben schneiden.

Alle Zutaten mit 4 Liter Wasser in einen großen Suppentopf geben und zum Kochen bringen. Die Hitze etwas reduzieren und den Fond 1 gute Stunde kochen lassen. Lieber länger als kürzer. Die Flüssigkeit sollte um die Hälfte einkochen – also auf etwa 2 Liter. Durch ein Haarsieb abseihen; das Gemüse essen.

Den Fond sofort in Flaschen oder Gläser füllen; fest verschließen. Ungeöffnet hält er sich im Kühlschrank mindestens 2 Wochen. In kleinen Portionen (z. B. in einem Eiswürfelbereiter) lässt er sich gut einfrieren und bleibt somit länger haltbar.

KLASSISCHER FOND

4 Möhren

½ Sellerieknolle

1 Stange Lauch

3 Stangen Staudensellerie

1 Zwiebel

10 Gewürznelken

1 EL Salz

Genauso verfahren wie beim asiatischen Fond. Allerdings die Zwiebel vorher mit den Gewürznelken spicken.

DRESSINGS

Für alle Dressings, bis auf die Französische Vinaigrette und das Avocado-Dressing, gilt: Zutaten in eine Flasche mit weitem Hals geben. Gut verschließen und kräftig schütteln.

FRANZÖSISCHE VINAIGRETTE

½ Knoblauchzehe

1 gehäufter EL Dijonsenf, scharfer Löwen- oder Estragonsenf

50 ml Weißweinessig

mindestens ¼ TL Salz

frisch gemahlener Pfeffer

100 ml Olivenöl

Eine kleine Schale mit der Schnittfläche der halben Knoblauchzehe ausreiben. Senf, Essig, Salz und Pfeffer in die Schale geben und mithilfe einer Gabel verrühren. Nun sehr langsam das Olivenöl hinzufügen und mit der Gabel so verquirlen, dass eine cremige, fast mayonnaiseartige Konsistenz entsteht.

- Die Vinaigrette wird relativ fest sein, perfekt zum Eindippen von rohem Gemüse (panier crudités).
- Für eine Salatsauce etwas Wasser unterquirlen. Mit Salz abschmecken.

AVOCADO-DRESSING

cremiges Fruchtfleisch von 1 reifen Avocado

Saft von 1 Limette

1 EL Chiliöl (optional)

150 ml Kefir oder Hafermilch

10 Basilikumblätter

½ Knoblauchzehe (optional)

mindestens ¼ TL Salz

frisch gemahlener Pfeffer

Alle Zutaten in einem Rührbecher sehr fein pürieren. Mit Salz und Pfeffer abschmecken. Falls das Dressing für den gewünschten Salat zu dickflüssig ist, einfach mit ein wenig Wasser verdünnen.

ORIENTALISCHES DRESSING

1 kleine Knoblauchzehe, geschält und gerieben

1 daumengroßes Stück Ingwer, geschält und gerieben

1 TL frisch gemahlenes Piment

1 TL Koriandersamen, geröstet und gemahlen

6 EL weiße Crema Balsamico

3 EL Johannisbeer- oder Granatapfelsirup

6 EL Olivenöl

4 EL Arganöl

Saft von mindestens 1 Limette (abschmecken)

Blättchen von 10–15 Zweigen Majoran

ORANGEN-AHORNSIRUP-DRESSING

Saft von 2 Orangen

2 EL Ahornsirup

4 EL Arganöl

4 EL Sonnenblumenöl

2 EL weißer Aceto Balsamico

2 EL weiße Crema Balsamico

¼ TL Salz, nach Geschmack mehr oder weniger

etwas frisch gemahlener Pfeffer

ASIATISCHES INGWER-SESAM-DRESSING

½ EL Kokosblütenzucker

15–20 g geriebener Ingwer, inklusive Saft

2 Knoblauchzehen, geschält und gerieben

1 Chilischote, entkernt und fein gehackt

60 ml Limettensaft

50 ml Sesamöl, von gerösteten Samen

80 ml Olivenöl

50 ml Sojasauce oder Tamari-Sojasauce (die glutenfreie Variante)

3–4 Zitronenblätter, im Ganzen belassen

nach Geschmack etwas Salz zum Nachwürzen

CHUTNEYS

Alles andere als Liebe auf den ersten Blick. Um ehrlich zu sein, eher auf den vierten oder fünften. Eine Freundschaft, die sich erst entwickeln musste und auch erst durch das Selbermachen vertieft wurde. Inzwischen experimentiere ich richtig gerne und bin immer wieder überrascht, wie gut ein Chutney schmecken kann. – Kerstin. Bei mir war es Liebe auf den ersten Blick! – Larissa.

PREISELBEER-CHUTNEY

200 g rote Schalotten, fein gewürfelt

100 g Zucker

350 g Preiselbeeren

6 EL Wodka

4 EL Aceto Balsamico

Schalotten und Zucker erhitzen und andünsten. Preiselbeeren dazugeben und gut rühren. Sobald die Preiselbeeren zusammenfallen und sämig werden, mit Wodka und Balsamico ablöschen. So lange köcheln lassen, bis das Chutney eindickt. In Gläser füllen, fest verschließen und kühl lagern. Ungeöffnet viele Wochen haltbar.

FEIGEN-CHUTNEY

Alle paar Monate richten wir in kleiner Runde ein großes Käseessen aus. Dann holen wir verschiedene Käsesorten vom Tölzer Kasladen auf dem Viktualienmarkt in München, frisches Brot vom Bäcker bei uns um die Ecke und backen Knäckebrot (Rezept Seite 12). Dazu gibt es Trauben, Feigensenf und unser selbst gemachtes Feigen-Chutney.

3 rote Schalotten, fein gewürfelt

1 EL Zucker

Fruchtfleisch von 250 g frischen Feigen

Blätter von 6 Zweigen Thymian

3 EL weißer Aceto Balsamico

1½ EL weiße Crema Balsamico

Zubereitung erfolgt wie beim Preiselbeer-Chutney.

DIPS

Wer asiatische Saucen selber macht, vermeidet viele Geschmacksverstärker und lange Zutatenlisten voller E's. Hier kommen unsere drei Lieblinge, um Glücksrollen (Rezept Seite 130) einzutauchen.

SOJA-CHILI-DIP

100 ml Sojasauce oder Tamari-Sojasauce (glutenfrei)

1–2 rote Chilischoten, sehr fein geschnitten

einige Halme chinesischer Schnittlauch, fein geschnitten

1 walnussgroßes Stück Ingwer, gerieben

1 EL geröstete Sesamsamen

1 TL Kokosblütenzucker

½ Stängel Zitronengras, äußere Blätter entfernt, sehr fein gehackt

Alle Zutaten in eine Flasche oder Schale geben und gut mischen. Lässt sich gut vorbereiten und gekühlt einige Tage aufbewahren.

MANGO-DIP

150 g frisches Mangofruchtfleisch

1 EL Reisessig

1 kleine Knoblauchzehe, geschält

1 daumengroßes Stück Ingwer, geschält und gerieben

Salz

1 Minigurke, geschält und fein gewürfelt

einige Stängel Koriander, gehackt

Chili (optional für die, die es nicht so mild mögen)

Mango, Essig, Knoblauch und Ingwer fein pürieren. Mit ein wenig Salz abschmecken. Gurke und Koriander unterrühren. Wer es scharf möchte, fügt frisch gehackte Chilischote hinzu.

ERDNUSSSAUCE

50 g Erdnusscreme (von gerösteten Erdnusskernen)

30 g weiße Mandelbutter

1 keines Stück Ingwer, geschält und gerieben (optional)

1 EL Agavensirup

1 EL helle Sojasauce

1 gute Messerspitze scharfe Chiliflocken

Alle Zutaten mit 50 ml Wasser in einen Rührbecher geben. Mit dem Stabmixer zu einer feinen Sauce verarbeiten. Abschmecken und eventuell mit etwas Wasser verdünnen, falls sie zu dickflüssig ist.

PFLANZLICHE MILCH

Für alle pflanzlichen Milchsorten wird ein Standmixer oder eine Küchenmaschine mit hoher Drehgeschwindigkeit und sehr starker Leistung benötigt.

BASISREZEPT: KOKOSMILCH

200 g möglichst frische, saftige Kokosraspel

Die Kokosraspel in den Behälter des Standmixers
geben. Mit 1 Liter kochendem Wasser übergießen und
etwas umrühren. 30 Minuten einweichen lassen, dann
auf höchster Stufe mixen.
Durch ein Passiertuch oder, besser noch, durch einen
Nussmilchbeutel passieren und die Reste im Tuch
gut ausdrücken. Kokosmilch in Flaschen abfüllen und
innerhalb einiger Tage verbrauchen.

- Für eine noch cremigere Kokosmilch
  oder eine Kokoscreme, die aufgeschlagen werden
  kann, einfach den Kokosnussanteil erhöhen.
- Wer die Kokosmilch pur genießen und nicht zum
  Kochen verwenden möchte, kann sie mit Agavensirup oder Honig nach Belieben süßen.

MANDELMILCH

200 g Mandeln, blanchiert

Mandeln in einer Schüssel mit kaltem Wasser übergießen und zugedeckt über Nacht ruhen lassen.
Am nächsten Tag das Wasser abgießen und die Mandeln in den Behälter des Standmixers geben. Mit
1 Liter kochendem Wasser auffüllen und sehr gut
und fein mixen. Wie auch bei den anderen Milchsorten, anschließend abseihen und abfüllen.

- Mit einem höheren Anteil Mandeln lässt sich eine
  feine Mandelsahne herstellen.

SÜSSE MANDELMILCH

**Unsere allerliebste Mandelmilch.
Im Müsli, im Porridge, zu Vanillesauce
verarbeitet oder einfach pur für den kleinen
Hunger zwischendurch**

175 g Mandeln, blanchiert und leicht geröstet

1 EL geröstete Sesamsamen

½ TL gemahlener Zimt

2 Messerspitzen gemahlener Kardamom

Mark von ½ Vanilleschote

2–3 EL Ahornsirup

Alle Zutaten bis auf den Ahornsirup mit 1 Liter
Wasser in den Behälter des Standmixers geben und
1 gute Stunde ruhen lassen. Dann so weiterverfahren, wie bei den anderen Milchsorten. Mit Ahornsirup süßen und in Flaschen füllen.

- Wer möchte, kann die Milch noch mit 1–2 Datteln süßen (Datteln vorher entsteinen!). Diese
  dann mit den anderen Zutaten mixen.

SUGO AGLIONE

Diese Tomatensauce ist die Basis bzw. ein wichtiger Bestandteil einiger unserer Toskana-Rezepte. Sie ist vielseitig, kann auch pur als Pastasauce verwendet werden und ist ein Muss für die Vorratskammer. Sie ist wirklich leicht zu machen und ganz nach individuellem Geschmack abzuwandeln. Wer keinen Knoblauch mag, kann sie auch als eine Arrabiata oder mit frischen Kräutern kochen. Bei uns kommt sie auch als Pizzasauce zum Einsatz. Ein absoluter Alleskönner.

1 kg aromatische Tomaten, müssen nicht schön sein

1 große weiße Zwiebel

3 Knoblauchzehen

100 ml Olivenöl

1 Messerspitze Chiliflocken

1 TL Salz

2 kleine Zweige Rosmarin

3 EL Mosto Cotto (eingedickter Traubenmost)

Tomaten klein schneiden. Für eine stückige Sauce in kleine Würfel, für eine pürierte reichen große Stücke. Zwiebel schälen und fein würfeln. Knoblauchzehen schälen und reiben.

Olivenöl bei mittlerer Hitze heiß werden lassen und die Zwiebel darin glasig dünsten. Tomaten, Chili, Salz, Rosmarinzweige (im Ganzen) und 2 Knoblauchzehen in den Topf geben. Alles etwa 10 Minuten unter ständigem Rühren köcheln lassen, bis die Sauce einkocht und leicht sämig wird.

Jetzt den Mosto Cotto und die dritte Knoblauchzehe einrühren; mit Salz abschmecken. Die Sauce stückig belassen oder fein pürieren. In Schraubgläser oder verschließbare Flaschen abfüllen oder gleich verbrauchen.

VARIANTEN:

+ mehr Chili: Arrabiata

+ Oregano und Majoran: Kräuter-Sugo

+ frisches Basilikum: einfache Pastasauce

SOMMERFRISCHE IN NIDA

AGNE kam 2002 zu uns, als wir gerade aus England zurück nach München gezogen waren. Sie sang gerne und liebte es, für die Kinder Blinsen zu backen. Und die Kinder liebten die Blinsen. Nicht so, wie man sie in Litauen gegessen hätte, mit Sauerrahm und Dill, sondern mit Zimt und Zucker. Wir konnten gar nicht genug davon bekommen. Und immer, wenn wir zusammen Blinsen aßen, erzählte uns Agne Geschichten von zu Hause, am häufigsten von ihren Großeltern, die abwechselnd in Vilnius und auf einem Bauernhof auf dem Land wohnten. Und immer wieder erzählte sie uns von der Kurischen Nehrung und, dass wir dort unbedingt einmal Urlaub machen müssten. Wir hatten noch nie davon gehört, und Litauen drängte sich uns nicht gerade als Ferienparadies auf.

Nachdem Agne schon drei Jahre bei uns wohnte und unzählige Male von der 98 km langen Halbinsel zwischen Russland und Litauen berichtet hatte, ohne dass es unsere Reisepläne im Entferntesten inspiriert hätte, erweckte die Titelseite eines Reisemagazins meine Aufmerksamkeit. Große Kiefern, rosa Cosmea, ein Blick aufs Meer, der träumen ließ ... und darunter stand irgendetwas von Thomas Mann. Das war Nida. Der Blick von Manns Feriendomizil auf das Haff. Nun träumten wir plötzlich von Sommerfrische an der Ostsee.
Agne organisierte uns eine Ferienwohnung in Nida. Wir flogen nach Vilnius, besuchten ihre Familie, mieteten ein Auto und fuhren ans Meer nach Klaipeda. Von dort aus ging es mit der Fähre rüber auf die Halbinsel, dann fast bis an die Grenze nach Russland.
Das erste, was wir sahen, waren die lichten Nadelwälder mit hohem Kiefernanteil, und noch heute ist der Duft der Kiefern, vermischt mit der frischen Meeresluft, das, was uns spontan in den Sinn kommt, wenn wir an Nida denken. Dann die Dünen, die sich scheinbar endlos über die Insel erstrecken, der weiße Sandstrand und der kleine Kiosk vorne am Wasser, wo es damals noch eiskaltes „Kalnapilis-Bier" gab und litauisches Eis aus der Truhe in 50 Sorten. Für uns war es Liebe auf den ersten Blick. Wir waren paddeln, durchquerten das Haff, fanden Bernstein, liefen zur russischen Grenze, fuhren Fahrrad und gingen segeln. Zwei Wochen später reisten wir tiefenentspannt ab und planten schon den nächsten Besuch.

Dreizehn Jahre und fünf Nida-Urlaube später hat sich auch dort einiges verändert: Es kamen neue Leitungen und sauberes Wasser, ein Supermarkt, großartige neue Restaurants und Langnese-Eis. Das Bier am Strand ging, Alkohol wurde dort verboten. Die Dünen wurden etwas kleiner und die Preise mit dem Euro etwas höher. An unserer Liebe hat sich dennoch nichts geändert.
Agne hat inzwischen selbst eine Tochter. Wir sehen uns einmal im Jahr für einige Tage ... in Nida, in alter Sommerfrische.

WAS WIR LIEBEN...

FRITTIERTES BROT

Diese Vorspeise gibt es in jedem litauischen Restaurant und sollte unbedingt probiert werden. Mit reichlich Knoblauch und geschmolzenem Käse ist es weder date- noch diättauglich, aber hervorragend zu einem kalten Bier und der salzigen Meeresluft.

Frittiertes Brot ist unser Nida-Wohlgefühl – und unser Glücklichmacher-Snack.

LITAUISCHE PRODUKTE

Zum Beispiel Leinen von notperfectlinen. Schürzen, Kleidung, Handtücher und mehr. Handgefertigt im Familienbetrieb.

EAT

IN VINO

Egal, ob früh oder spät, wenn es ums Essen geht, ist das „In Vino" in Nida unsere erste Wahl. Morgens essen wir hier den Porridge mit Butter oder die Pfannkuchen mit Apfelmarmelade, mittags die Caprese mit Kapernbeeren und abends schmeckt ein eiskaltes Glas Rosé zur scharfen Fischsuppe besonders gut. Serviert werden hier spanische und nicht so spanische Tapas mit sehr gutem Wein. Abendsonne und Ausblick auf der Dachterrasse inklusive.

BOHOUSE

Erst bei unserem letzten Nida-Urlaub entdeckt, ist das „Bohouse" schnell zu einem Lieblingsort der ganzen Familie geworden. Der Grund? Wahrscheinlich die tolle Einrichtung, die Pizza und der weltbeste Cheesecake, den wir bei unseren letzten Besuchen schon vor dem Essen reserviert haben. Unglaublich familienfreundlich und perfekt, wenn man in schöner Atmosphäre drinnen sitzen möchte und eine Auszeit von der litauischen Küche braucht.

GARTENRESTAURANT

Wir wissen gar nicht, ob dieses Restaurant einen Namen hat – für uns heißt es seit unserem ersten Nida-Urlaub einfach nur Gartenrestaurant, weil man in einem kleinen Garten sitzt und litauisches Essen bekommt. Davon gibt es in Nida einige, aber in diesem waren wir an unserem ersten Abend und sind ihm seitdem treu geblieben. Wir essen hier am liebsten frittiertes Brot als Vorspeise, dann Kartoffelpuffer oder den Fang des Tages. Die Tagessuppe ist auch immer sehr lecker und unsere Jungs lieben die Pfannkuchen als Nachspeise.

Sena Sodyba, Nagliu 6-2

TO DO

BERNSTEIN

Tipp für verregnete Tage: Das kleine, aber feine Bernsteinmuseum im Ortskern. Wenn man Geduld und etwas Glück hat, kann man am Strand auch selbst fündig werden – vor allem, wenn es gewittert hat, wird einiges an Bernstein angeschwemmt.

FAHRRAD MIETEN

Endlose Waldwege laden dazu ein, für einen Tag in die Pedale zu treten und die umliegenden Wälder und Strände zu erkunden. Auch die angrenzenden Orte Preila, Pervalka und Juodkrante sind einen Besuch wert und können gut mit dem Fahrrad erreicht werden.

THOMAS-MANN-HAUS

Ein Muss ist das Haus, in dem Thomas Mann einige Sommer in Nida verbracht hat. Hier erfährt man alles über Manns Beziehung zur Nehrung und kann den wunderschönen Ausblick vom Garten auf das Haff genießen.

WAS WIR BESONDERS LIEBEN

STRAND

In keinem anderen Urlaub verbringen wir so viel und so gerne Zeit am Strand wie in Nida. Vor dem Frühstück ein morgendlicher Strandspaziergang, wenn die Luft noch kühl und frisch ist. Tagsüber spielen die Jungs Fußball oder Tok-Tok, Michael liest und der Rest arbeitet an der Sommerbräune. Zwischendrin gibt es litauisches Eis aus der Truhe. Und abends kommen wir nach dem Essen noch mal ans Wasser, um die Wellen im Sonnenuntergang zu beobachten.

OSTSEE

Die Ostsee ist so unsalzig, wie sonst kein Meer und dabei so wunderbar erfrischend. An manchen Tagen ist sie ganz still und an anderen so wild, dass die Wellen einen überragen. Wir lieben beides.

WALD

Jeder Ort hat einen Duft – in Nida ist es der von Kiefern. Ein großer Teil der Halbinsel ist nämlich von lichten Kiefernwäldern bedeckt, in denen man am liebsten verloren gehen möchte. Und pssst! Wenn man Glück hat, begegnet man hier zu früher Stunde dem einen oder anderen Elch. Auf jeden Fall aber findet man hier jede Menge Pilze, mit denen wir am liebsten ein Pilzrisotto kochen (S. 64).

DÜNEN

Die Nehrung hat zwei große Dünen, die beide mindestens einen Besuch wert sind, allein wegen der traumhaften Ausblicke auf die Ostsee und das Haff. Wenn man hier oben steht und der weiße Sand sich endlos bis zum Horizont zieht, weiß man, wie sich Freiheit anfühlt.

DIE LITAUISCHE KÜCHE

Bevor wir hier etwas Falsches sagen, haben wir lieber mal Agne selbst gefragt.

Erzähl uns was über die litauische Küche!

Sie ist sehr sättigend und kartoffelhaltig. Man musste ja früher viel auf dem Feld arbeiten. Die Zeiten haben sich geändert, aber das Essen ist geblieben. Litauer kochen viel zu Hause. Es ist kein Regelfall, dass eine Familie ohne Anlass im Restaurant essen geht. Wir essen sehr viele Suppen, mit oder ohne Fleisch. Allgemein wird hier sehr viel Fleisch gegessen und in vielen Familien wird noch immer zu Hause selbst geräuchert. Wir lieben hausgemachten Frischkäse aus süßer Sahne und Sauerrahm. Im Gegensatz zur deutschen Küche verwenden wir viel Kümmel – das frittierte Brot schmeckt auch am besten mit Kümmelbrot.

Welche sind die liebsten Zutaten der Litauer?

In der traditionellen alten litauischen Küche wird viel aus Fleisch, Kartoffeln, Pilzen und Gemüse gekocht. Nicht selten gibt es Sauerkraut. Traditionelle Kuchen werden aus Hefeteig gebacken, in Litauen ist dunkles Vollkornbrot beliebt. Wenn man am Meer ist, ist der geräucherte Fisch das alltägliche Essen. Hering in allen möglichen Variationen wird bei jedem Fest serviert.

Welche Gerichte würdest du Urlaubern empfehlen, die das erste Mal zu Besuch sind?

Na, man sagt ja immer, man soll Cepelinai probieren. Es gibt sie mit Fleisch und Specksauce oder mit Quarkfüllung. Ich persönlich würde eher eine Steinpilzsuppe oder die typische Rote-Bete-Suppe empfehlen. Und an der Ostsee frisch geräucherten Fisch. In jedem Restaurant kriegt man jetzt auch Lachs, aber das ist hier eigentlich kein traditioneller Fisch.

Welcher Käse kommt eurem Käse am nächsten?

Für die Blinsen oder so eine Art Gnocchi benutzen wir Quark, der hier aber nicht sahnig, sondern eher körnig ist. Im Grunde ist es eine Mischung aus Quark und einem körnigen Frischkäse. Wir haben auch sehr guten Hartkäse, der dem Parmesan sehr ähnlich ist.

Welcher ist dein liebster Ort in Litauen? Was ist dein Geheimtipp?

Ich liebe Vilnius, hier bin ich zu Hause. Die Stadt ist nicht zu groß, es ist zwar viel los, aber es gibt auch viele ruhige Parks. Dann natürlich Nida, es ist so ruhig und schön und wir lieben den Strand. Für Wanderer würde ich den Nationalpark Aukstaitija empfehlen.

EINGELEGTE ROTE BETE

Rote Bete ist den Litauern heilig, die kalte Suppe darf auf keiner Speise-karte fehlen. Sie ist dank der pinken Farbe nicht nur ein Fest für die Augen, sondern schmeckt einfach himmlisch frisch und ist für uns im Sommer eine tolle Alternative zur Gazpacho. Damit sie besonders gut schmeckt, legen wir die Rote Bete selbst ein – wenn es mal richtig schnell gehen soll, macht es auch die gekaufte Variante aus dem Glas.

500 g Rote Bete, möglichst kleine Knollen

2 Knoblauchzehen

1 EL Zucker

½ TL Salz (mehr nach Geschmack)

150 ml klarer Apfelsaft

70 ml Kräuteressig

15 Pimentkörner

etwas wildes Fenchelkraut mit Blütendolden

15 rosa Pfefferkörner

Die Rote Bete waschen und im Ganzen in 15–20 Minuten gar kochen. Anschließend schälen, grob raspeln oder in feine Streifen schneiden. Knoblauch schälen und vierteln, Zucker und Salz mit dem Apfelsaft und dem Essig verrühren, bis alles aufgelöst ist.

Die Bete mit den Gewürzen in ein Einmachglas schichten und mit der Flüssigkeit auffüllen. Luftdicht verschließen und kalt stellen. Hält sich im Kühlschrank bis zu 4 Wochen. Für die Suppe sollte die Bete mindestens 2 Tage ziehen.

• Die Rote Bete kann auch roh eingelegt werden. Das Verfahren ist dasselbe, aber die Haltbarkeit beträgt so nur wenige Tage.

ROTE-BETE-SUPPE

FÜR 4 VORSPEISEN ODER 2 GROSSE SCHALEN

1/3 Salatgurke oder 1–2 Salzgurken (Rezept Seite 56)

200 g eingelegte Rote Bete, in Lake (Gewürze entfernt)

750 ml Kefir

Salz nach Bedarf

4 EL Schmand oder Sauerrahm

etwas Dill und/oder Schnittlauch

4 gekochte Kartoffeln, warm

2–4 gekochte Eier (optional)

Einfacher geht's nicht. Gurke in sehr feine Streifen schneiden, am besten funktioniert es mit einem Julienneschneider. Mit der Roten Bete und dem Kefir verrühren und anschließend mit Salz abschmecken.

Mit Schmand und den Kräutern anrichten und mit heißen Kartoffeln und gekochten Eiern servieren.

ZUCCHINIKÜCHLEIN

2 mittelgroße Zucchini

200 g körniger Frischkäse

2 Eier

3 gehäufte EL Mehl

100 g geriebener Dziugas
(litauischer Hartkäse; alternativ
Parmesan oder alter Pecorino)

2 Handvoll gezupfte Basilikumblätter

Salz

etwas Öl zum Braten

Sauerrahm zum Servieren

Die Zucchini gut waschen, sorgfältig abtrocknen und mit der Schale grob reiben. In ein Baumwolltuch geben und überschüssigen Saft ausdrücken, sonst wird der Teig zu flüssig. Den Frischkäse auf die gleiche Weise abtropfen lassen.

Anschließend alle Zutaten (bis auf das Öl) mischen und den Teig 10 Minuten ziehen lassen. Falls sich oben etwas Flüssigkeit absetzen sollte, diese vorsichtig abgießen.

Öl in einer Pfanne erhitzen. Pro Küchlein etwa 1 großen EL Teig in die Pfanne geben und knusprig ausbacken; auf jeder Seite ca. 2 Minuten.

Mit knackigem grünen Salat und, in litauischer Manier, mit einem Klecks Sauerrahm servieren.

KARTOFFELKÜCHLEIN

An unserem ersten Abend in Nida haben wir ein winziges Gartenrestaurant entdeckt, das seitdem einer unserer Lieblingsorte geworden ist. Es gibt dort nur sieben Tische. Die Küche ist in einem süßen, roten Holzhaus untergebracht und die Karte ist in furchtbares Deutsch übersetzt. Zum ersten Mal dort, konnten wir mit der litauischen Küche noch nicht viel anfangen, die Kinder waren noch klein und nicht so experimentierfreudig. Umso erleichterter waren wir, als wir auf der Karte „Kartoffelkuchen" entdeckten – die konnten sich ja nicht so sehr von unseren deutschen Kartoffelpuffern unterscheiden. Sechsmal bestellt und sechs glückliche Gesichter. –Kerstin

Inzwischen isst sie bei uns jeder etwas anders. Die Jungs mit Räucherlachs, die Mädels mit Apfelmus und ich auf einem frischen grünen Gartensalat. Die Litauer selbst genießen sie mit frischem Schmand. Die Kartoffeln werden sehr fein gerieben, das macht sie außen schön knusprig und innen schon fast cremig. Auch lecker: etwas Kürbis oder Karotte reinreiben oder mit einer Handvoll gehackten Kräutern verfeinern.

8 mittelgroße Kartoffeln
(vorwiegend festkochend)

2 Eier

3 EL Mehl

etwa 1 TL Salz

Öl zum Braten

Die Kartoffeln waschen, schälen und sehr fein reiben. In ein Baumwolltuch geben und überschüssige Flüssigkeit ausdrücken. Die geriebenen Kartoffeln mit Eiern, Mehl und Salz verrühren.

Öl in einer Bratpfanne erhitzen, Häufchen der Kartoffelmasse hineinsetzen (ca. 2 EL pro Küchlein) und mit dem Pfannenwender flach drücken. Bei mittlerer Hitze goldbraun braten, bis die Kartoffeln durch sind (2–3 Minuten auf jeder Seite). Nach Lust und Laune kombinieren.

SALZGURKEN

Ein weiterer Klassiker der litauischen Küche sind Salzgurken, die inzwischen auch bei unseren Brotzeiten und Picknicks nicht fehlen dürfen. In Nida mussten wir nur wenige Meter gehen, um die Johannisbeer- und Kirschbaumblätter zu pflücken, die den Gurken ihren besonderen Geschmack verleihen. In Deutschland ist es wahrscheinlich einfacher, Lorbeerblätter zu finden, die eine gute Alternative sind.

Die Gurken nehmen schon nach wenigen Stunden den Geschmack der Lake an, halten sich aber auch über mehrere Wochen im Kühlschrank. Wenn man sie länger aufbewahren möchte, empfehlen wir, etwas weniger Salz zu verwenden, da der Geschmack täglich intensiver wird.

500 g Einmachgurken (Einlegegurken)

einige frische Johannisbeerblätter,
Kirschblätter und/oder Lorbeerblätter

einige Stiele Fenchel bzw. Dill

4–5 Knoblauchzehen

3 gute EL Salz

15 Pimentkörner

15 Pfefferkörner

Die Gurken heiß waschen und trocken tupfen. Blätter und Kräuter waschen und abtupfen. Knoblauch schälen und der Länge nach halbieren.

Das Salz in 1 Liter Wasser auflösen, Piment und Pfeffer leicht mit einem Stößel im Mörser anstoßen. Gurken, Blätter, Kräuter und Gewürze in ein großes Einmachglas schichten und mit dem Salzwasser auffüllen.

Gut verschließen und kalt stellen. Schon nach 4 Stunden haben die Gurken ein feines Aroma, nach 2 Tagen sind sie für uns perfekt und nach 4–5 Tagen bekommen sie einen leicht säuerlichen Geschmack.

AGNES BLINSEN

Blinsen. Das ist für mich der Geschmack meiner Kindheit, und wenn es nach mir und meinen Geschwistern gegangen wäre, hätte Agne jeden Tag Blinsen backen dürfen. Nicht mit Sauerrahm, wie in Litauen üblich, sondern in der Version für kleine Schleckermäulchen, mit Zimt und Zucker. – Larissa

Wenn wir dort im Urlaub sind, dann essen wir sie heute gerne mit einem Kompott von einheimischen Wildheidelbeeren. Ein Aroma, das mich wiederum an meine Kindheit und unsere ausgiebigen Waldspaziergänge erinnert. –Kerstin

250 g Quark
1 Ei
50 g Zucker
70 g Mehl
120 g Kefir
1 Prise Salz
Öl zum Ausbacken

Alle Zutaten (bis auf das Öl) miteinander verrühren. Das sollte, wie auch bei Pancakes, sehr rasch gehen.

In einer Pfanne 1 ½ EL Öl erhitzen, kleine Häufchen Teig einsetzen (ca. 1 EL pro Blinse) und auf beiden Seiten goldbraun backen. Schnell aufessen.

TOPPING NACH WAHL:
Zimt und Zucker, Ahornsirup, frische Heidelbeermarmelade, Heidelbeerkompott oder frische Himbeeren.

HEIDELBEERKOMPOTT

300 g Wildheidelbeeren
2 EL Hollersirup
1 TL Maisstärke (optional)

Die Wildheidelbeeren mit dem Hollersirup kurz aufkochen lassen; sofort servieren.

Wer das Kompott binden möchte, löst die Maisstärke in ein paar Esslöffeln kaltem Wasser auf und rührt das Ganze in die kochenden Heidelbeeren.

TOMATENSALAT

Fast zu einfach, um es als Rezept zu bezeichnen und trotzdem musste dieser Tomatensalat unbedingt in unser Buch. Warum? Wir finden, dass einfache Dinge nicht unterschätzt werden dürfen, wo sie doch oft am allerleckersten schmecken. Weniger ist manchmal eben einfach mehr, und so lebt dieser Salat von wenigen, guten Zutaten. Genau genommen von sonnengereiften Tomaten (mit etwas anderem brauchen wir hier gar nicht anzufangen), die mit frischem Dill, Fenchelkraut und gutem Olivenöl ihr Potenzial erst richtig entfalten können. In Nida kaufen wir die Tomaten auf dem Bauernmarkt, wo es sie in allen Farben und Formen gibt.

einige Fenchelsamen

½ Knoblauchzehe (optional)

Saft von ½ Zitrone (optional; je nach Säuregehalt der Tomaten)

4–5 EL Olivenöl

Salz

frisch gemahlener Pfeffer

viele bunte Tomaten (ca. 750 g)

1 rote Zwiebel

1 Bund frische Petersilie

Dill und Fenchelkraut

Fenchelsamen kurz in einer Pfanne anrösten und anschließend im Mörser grob zerstoßen, Knoblauch (falls gewünscht) reiben oder fein hacken. Mit Zitronensaft und Olivenöl verrühren und mit Salz und Pfeffer abschmecken.

Tomaten je nach Größe halbieren oder vierteln. Zwiebel schälen und klein würfeln. Petersilie, Dill und Fenchelkraut zupfen. Alles in eine große Salatschale geben und gut durchmischen. Vor dem Servieren kurz durchziehen lassen. Dazu geröstetes Brot …

LITAUISCHE MAULTASCHEN

Diese hübschen Teigtaschen werden in Litauen mit allem gefüllt, was das Land zu bieten hat. Mit Pilzen, Fleisch, Speck, Quark, Kräutern und vielem mehr. Oft werden sie in Öl ausgebacken und dazu gibt es, wie zu fast jedem Gericht, Sauerrahm. Wir essen sie lieber mit einer italienischen Aglione (Rezept Seite 37) oder in einer leichten Gemüsesuppe.

TEIG

380 g Mehl

120 ml kaltes Wasser

1 Ei

2 Prisen Salz

FÜLLUNG

2 Handvoll saisonale Kräuter (Dill, Petersilie, Rucola, Fenchelkraut, Basilikum etc.)

½ Knoblauchzehe

100 g geriebener Hartkäse

150 g abgetropfter Quark (20 %)

Salz

Für den Teig alle Zutaten 10 Minuten lang sorgfältig miteinander verkneten, bis ein gleichmäßiger weicher Teig entstanden ist. Zugedeckt 10 Minuten ruhen lassen.

In der Zwischenzeit die Füllung zubereiten. Dafür die Kräuter waschen und hacken, den Knoblauch schälen und fein reiben. Kräuter und Knoblauch mit Käse und Quark verrühren. Mit Salz abschmecken.

Den Teig ausrollen und mit einem Glas oder einer anderen Form Kreise ausstechen. Dabei den Rand der Form immer wieder in Wasser tauchen, dann klebt der Teig nicht an. Auf jeden Kreis etwas Füllung geben (1 gehäufter TL), zusammenklappen und die Ränder so miteinander eindrehen, dass beim Kochen nichts auslaufen kann.

In einem Kochtopf Salzwasser zum Kochen bringen. Wenn das Wasser sprudelnd kocht, die Teigtaschen hineingeben und 2–3 Minuten garen. Sobald sie an der Oberfläche schwimmen, vorsichtig herausheben.

- Falls die Maultaschen in einer Suppe landen sollen, können sie auch gleich darin gekocht werden – ebenfalls 2–3 Minuten.
- Statt der Kräuter schmeckt auch ausgedrücktes Sauerkraut in der Füllung sehr gut!

PILZRISOTTO

Zu Hause wäre dieses Pilzrisotto nur halb so lecker, denn bei uns im Wald finden wir längst nicht so viele Pilze. In Nida, in dem lichten, moosigen Wald hinter den Dünen müssen wir uns bremsen, nur so viele zu sammeln, wie wir auch wirklich essen können. Ein Traum für jeden Pilzsammler. Ich halte mich allerdings ausschließlich an die Pilze, die ich von zu Hause kenne: Maronen, Röhrlinge, Butter- und Steinpilze. Agne dagegen lässt genau die stehen und sammelt Pilze, die mir eher suspekt vorkommen. – Kerstin

Dieses Risotto ist unser ultimatives Comfort-Food nach einem langen Strandspaziergang oder einer Wanderung zu den Dünen. Nichts wärmt einen so schnell wieder auf und schmeckt dabei so sehr nach Heimat. Hier haben wir es mit Graupen gekocht und würden es daher eher Barlotto nennen, aber Reis funktioniert genauso gut.

500 g (oder mehr) gemischte Pilze, am besten Steinpilze, Maronen und Butterpilze

1 große weiße Zwiebel

½ Bund Petersilie

750 ml Gemüsefond (Rezept Seite 27) oder gekaufter Pilzfond (für einen besonders intensiven Pilzgeschmack)

2 EL Öl

350 g Perlgraupen oder Risotto-Reis

Salz

250–300 ml fruchtiger Weißwein

frisch gemahlener Pfeffer

Die Pilze putzen und je nach Größe schneiden, die kleinen im Ganzen lassen. Die Zwiebel schälen und sehr fein würfeln. Die Blätter von den Petersilienstängeln zupfen. Den Fond erhitzen, damit das Risotto bei der Zugabe nicht immer wieder runterkühlt.

Das Öl in einer hochwandigen großen Pfanne erhitzen und die Zwiebel hinzufügen. Die Hitze etwas senken, damit die Zwiebel nicht bräunt. Graupen oder Reis mit ½ TL Salz einrühren. Mit dem Wein ablöschen und stetig rühren.

Sobald der Reis den Wein aufgenommen hat und sämig wird, den Fond zugießen. Immer in kleinen Mengen und unter ständigem Rühren. Das zieht sich fast 30 Minuten hin. Wenn Wein und Fond aufgebraucht sind, und der Reis noch nicht weich genug sein sollte, mit warmem Wasser fortfahren.

Sobald der Reis fast fertig ist, die Pilze unterrühren und für die letzten 10 Minuten mitkochen. Zum Schluss die Petersilie untermischen und alles mit Salz und Pfeffer abschmecken.

KARAMELL-COOKIES

Agne hat diese Kekse so oft für uns gebacken, als wir klein waren. Ich glaube, ich konnte ein ganzes Blech davon essen und kann es wahrscheinlich noch immer. Jetzt, wo wir alle älter sind, haben wir das Rezept etwas abgeändert und erwachsener gemacht, schmecken tun sie trotzdem noch genauso gut. – Larissa

FÜR CA. 25 STÜCK

180 g dunkle Schokolade (nach Geschmack 50 bis höchstens 70%)

1 Ei

150 g kräftiger brauner Zucker

2 EL Ahornsirup

Mark von 1 Vanilleschote

160 g weiche Butter

280 g Mehl

80 g geröstete und gesalzene Pekannusskerne, gehackt (werden ungesalzene Nusskerne verwendet, 1 Prise Salz in den Teig geben)

FÜLLUNG

150 g Salzkaramell, in 1x1 cm große Stücke geschnitten

ZUCKERKRUSTE

etwas weißer Zucker in einer flachen Schale

Die Schokolade im Wasserbad schmelzen.

In einer Rührschüssel das Ei mit dem braunen Zucker, dem Ahornsirup und dem Vanillemark schaumig schlagen. Die weiche Butter hinzufügen und alles cremig rühren. Mehl und Nusskerne einrieseln lassen, anschließend die flüssige, leicht abgekühlte Schokolade unterrühren.

Die Masse 30 Minuten kalt stellen. Währenddessen den Backofen auf 180 °C vorheizen und zwei Backbleche mit Backpapier auslegen.

Pro Cookie 1 Esslöffel Teig in der Hand flach drücken, ein Stück Salzkaramell in die Mitte legen und eine Kugel formen.

Die Kugeln im weißen Zucker rollen (optional, aber empfehlenswert!) und mit etwas Abstand auf den Backblechen verteilen. Der Durchmesser verdoppelt sich etwa.

10 Minuten backen. Die Cookies sollten außen trocken und etwas rissig aussehen.

BEEREN UND EIS AM STIEL

Noch eine Sache, mit der uns Nida völlig überrascht hat: Die regionalen Himbeeren, Erdbeeren und Wildheidelbeeren, die man auf dem Bauernmarkt und an kleinen Ständen im Ortskern kaufen kann. Nie hätten wir gedacht, dass bei dem teilweise unwirtlichen Wetter an der Küste so süße und leckere Beeren heranwachsen. Und da die Litauer auch wirklich vorzügliches Eis am Stiel machen, darf eine Kombi aus beidem in diesem Kapitel auf gar keinen Fall fehlen.

FÜR 6 KLEINE EIS Á 75 ML ODER 4 GROSSE

100 g Schmand

1½ EL Honig

¼ TL gemahlener Zimt

ein wenig natürliches Vanillearoma

75 g Schlagsahne, gut gekühlt

250 ml Kefir

1 Handvoll Wildheidelbeeren, Himbeeren, Walderdbeeren oder kleiner Erdbeeren (Erdbeeren und Himbeeren sollten zerkleinert werden)

Schmand, Honig, Zimt und Vanille miteinander verrühren und 10 Minuten stehen lassen. Die Schlagsahne sehr steif schlagen und die Masse unterheben. Zu guter Letzt vorsichtig den Kefir und die Früchte einrühren und in die Formen füllen. Holzstiele reinstecken und mindestens 6 Stunden in das Gefrierfach geben.

ERDBEER-MILKSHAKE

Ein absoluter Familienliebling an warmen Sommertagen und perfekt, wenn man vier hungrige Kinder schnell und mit minimalem Aufwand satt und glücklich machen möchte. Je nachdem, wie man ihn trinken möchte, gibt es zwei Möglichkeiten: Eine leichte Variante für das Frühstück und eine mit Vanilleeis, die ein toller Nachtisch oder Treat am Nachmittag ist.

VARIANTE 1

400 g gefrorene Erdbeeren

350 ml gesüßte Mandelmilch oder Kuhmilch (Rezept Seite 34)

1 EL Honig oder ½ reife Banane (optional)

VARIANTE 2

400 g frische oder gefrorene Erdbeeren

2–3 Kugeln gutes Vanilleeis

700 ml Milch

1 EL Zucker (optional)

Alle Zutaten zusammen in den Mixer geben und cremig mixen.

MAROKKO

ALS unser Freund Oliver vor mehr als 25 Jahren ein kleines Riad in Essaouira kaufte, kannte kaum jemand diese marokkanische, ehemals portugiesische, Festungsstadt am Meer. Essaouira liegt von Marrakesch aus zweieinhalb Autostunden Richtung Westen, an der windigen Küste. Vor 23 Jahren, da war Larissa gerade zwei, Paulina nicht einmal ein Jahr alt, wurden wir von Familie und Freunden für verantwortungslos und verrückt erklärt, als wir unsere erste Reise nach Nordafrika planten. Eine blonde Frau und zwei flachsblonde Mädchen in Marokko?

Wir flogen über Frankfurt nach Casablanca, wo wir mitten in der Nacht landeten. Olli hatte uns einen Fahrer organisiert, der uns in einem alten Benz abholte. Vorne normale Ausstattung, hinten Campingstühle mit dem Chassis des Wagens zusammengeknotet. Die Fahrt dauerte fünf Stunden und war ein Abenteuer über notdürftig geteerte Straßen, bis wir schließlich im Morgengrauen die Stadttore Essaouiras erreichten. Es roch streng, die Gassen waren kaum befestigt, es gab kein Abwassersystem und eine Müllabfuhr anscheinend auch nicht. Larissa fand es grausam und wollte zurück nach Hause. Ich war dem Plan nicht abgeneigt, aber wir hatten Olli versprochen, ihm bei der Renovierung zu helfen. Wir wollten zumindest eine Nacht drüber schlafen.

Am Morgen sah die Welt schon ganz anders aus. Die Straßen waren gereinigt und luden zu einer Erkundungstour ein: Wir gingen zum Café Le Glacier, tranken frisch gepressten Orangensaft und aßen Salade Marocaine. Danach schlenderten wir über den Markt, an den Strand, zum Bäcker, in den Hafen. Wir sahen Kamele und Pferde und freuten uns auf den ersten Ausritt am Strand. Außer einigen Aussteigern, die hier ein neues Surfparadies entdeckt hatten, gab es kaum europäische Touristen. Keine Souvenirläden, keinen Supermarkt, kaum Cafés, dafür aber viel Kunsthandwerk, Keramik und Teppiche. Larissa hatte inzwischen vergessen, dass sie abreisen wollte. So lebten wir drei Wochen lang von Salade Marocaine im Le Glacier und Orangensaft und Croissants von ,Driss', der alteingesessenen Patisserie am Platz. Ansonsten strichen wir Wände und richteten Zimmer ein. Wir ließen Tagesdecken weben, Pullis und Mützen für die Mädchen stricken und genossen das einfache Leben wie die Einheimischen.

Zeitsprung: Es ist 20 Jahre später. Während Olli seit vielen Jahren im französischen Jura lebt, freuen wir uns fast jährlich auf einige Tage Marrakesch und danach auf ein bis zwei entspannte Wochen in Essaouira. Dort sind die Gassen seit vielen Jahren gepflastert und sauber. Es gibt Restaurants, geschmackvolle und weniger geschmackvolle Läden, Kochschulen, Hotels und einige Surf-Clubs am Strand. Trotzdem lieben wir dort noch immer das einfache Leben. Wir mieten ein Riad in der Medina, kaufen auf dem Gemüsemarkt ein und trinken Minztee mit den Gewürzhändlern. Und wenn wir Lust haben, dem bunten Treiben der Altstadt zu entgehen, dann zieht es uns in unseren Lieblingsstrandclub, wo wir mit Holzofenpizza und gekühltem Rosé unterwegs fast wieder zu Hause sind.

Ein Tipp fürs Handgepäck: Das Buch „Der glücklichste Mensch der Welt" von Tahr Schah … einfach wunderbar.

UNSERE HIGHLIGHTS IN MARRAKESCH

Nach einem langen Tag in den Souks empfehlen wir einen frisch gepressten Orangensaft von einem der Stände am Jama al Fnaa und ein Essen in einem unserer Lieblingsrestaurants:

DIE SOUKS

In Marrakesch sind wir meist nur ein paar Tage. Der eigentliche Erholungsurlaub beginnt für uns dann später in Essaouira. In Marrakesch verbringen wir die meiste Zeit in den Souks, den Märkten. Hier finden wir alles, was unser Herz begehrt – zwar mussten wir uns anfangs einen Weg durch die engen Gassen und Reihen von Touri-Läden schlagen, die allesamt das gleiche Angebot haben, doch inzwischen haben wir unsere Lieblingshändler, die wir immer wieder ansteuern, wenn wir in der Stadt sind. Da gibt es den Sandalenmann, bei dem wir uns für 20 Euro handgemachte Ledersandalen fertigen lassen, unseren Kissenladen, wo wir uns Kissen in allen Formen und Farben sticken lassen und den Gewürzmarkt, der allein schon des Duftes und der Farben wegen einen Besuch wert ist. Wer hier auf der Suche nach Mitbringseln ist, hat es nicht schwer: Wir lieben die gewebten Strandkörbe, die Hamam-Tücher in bunten Farben, die mundgeblasenen typisch marokkanischen Gläser und die Bretter aus Walnussholz.

CHEZ CHEGROUNI

Für uns der beste Ort, um dem Trubel in den Souks zu entkommen und einen Salade Marocaine oder eine Gemüse-Tajine in entspannter Atmosphäre zu essen. Das Chez Chegrouni wurde uns bei unserem ersten Besuch von Einheimischen empfohlen, was man auch am Publikum merkt. Wenn man mittags einen Platz auf der offenen Terrasse ergattern möchte, sollte man vor 12 Uhr kommen.

NOMAD

Das Nomad können wir allein schon wegen der wunderschönen Dachterrasse empfehlen – sie eröffnet einen traumhaften Blick auf das Marktgeschehen, den man am besten in der goldenen Abendsonne genießt. Dazu den grünen Couscous und einen marokkanischen Kaffee, den am Ende nur noch der klebrige Dattelkuchen übertrifft.

LA FAMILLE MARRAKECH

Eine richtige Oase mitten in der Altstadt, wo die Zeit still steht. Hier bekommt man einen Hummus für den Hunger zwischendurch, ebenso wie eine richtig leckere Himbeertarte. Ein Ort, um die Seele baumeln zu lassen.

LEBEN IN ESSAOURIA

Während wir uns in Marrakesch vom hektischen Treiben mitreißen lassen, genießen wir in Essaouira die Ruhe und das wesentlich lässigere Leben am Meer. Das fängt morgens meist mit einem langen Strandspaziergang an. Die Atmosphäre ist dort in der Früh so magisch und den Strand hat man um diese Uhrzeit noch so gut wie für sich. Später teilt man ihn mit den Surfern und Einheimischen, den Kamelen und Pferden, die sich im warmen Sand breit machen. Beides hat seinen Reiz. Unser Tipp: Unbedingt eine Mütze einpacken! In Essaouira kann es nämlich sehr windig werden, vor allem vorne am Strand.

Auf dem Rückweg lohnt sich ein kurzer Blick zum Hafen, wo der Fisch teilweise direkt vom Schiff verkauft wird, frischer geht es nicht. Auf dem Weg zurück in die Stadt kommt man an den Saftständen vorbei – ein kleiner Stopp hier ist Pflicht, bevor wir uns auf die Suche nach Frühstück machen.

FRÜHSTÜCK BEI DRISS

Die Patisserie Chez Driss ist in Essaouria eine richtige Institution. Es gab sie schon bei unserem ersten Besuch vor 23 Jahren und lange davor. Hier bekommt man guten Kaffee, leckere Croissants, Omelette und Baguette mit Butter und Marmelade. Alles, was das Frühstücksherz begehrt.

MARKT

Auch wenn es außerhalb der Medina seit Jahren einen Supermarkt gibt, kaufen wir hier nur auf dem Markt ein. Von reifem Obst und Gemüse über Kräuterberge, Couscous, Linsen, Kichererbsen und frischem Brot bis zu kunstvoll aufgetürmten Oliven, Gewürzen und getrockneten Früchten, findet man hier wirklich alles. Wir kaufen und kochen, was gerade Saison hat (besonders toll sind die Avocados und Granatäpfel!), und im Sommer essen wir uns an Melonen, Pfirsichen und Kaktusfeigen satt.

HANDWERK

In Essaouira findet man noch viel lokales Handwerk. So gibt es einige Dinge, die wir hier gerne mit nach Hause nehmen: Handgewebte Decken, Arganöl, Amlou (unser Rezept dafür steht auf Seite 102) sowie Schalen und Löffel aus Olivenholz sind nur einige davon.

SÜSSES

Wer auf der Suche nach etwas Süßem ist, dem sei ein heißer Zuckerkringel vom Zuckerkringelmann auf der Rue Mohamed El Qorry ans Herz gelegt. Allerdings ist er nur zu sehr speziellen Öffnungszeiten anzutreffen, aus denen wir trotz zahlreicher Urlaube bis heute nicht schlau geworden sind. Viel verlässlicher ist der Crêpe-Stand unseres Vertrauens am Anfang der Avenue Sidi Mohamed Ben Abdellah, vom Hafen kommend auf der linken Seite, wo es den weltbesten Nutella-Crêpe gibt.

LE PAIN PERDU

Bei unserem letzten Essaouira Besuch im Herbst weckte ein kleines Holzschild an der Hauptgasse unser Interesse: Le pain perdu. Nachdem wir dem Schild dreimal vergeblich in eine winzige Gasse bis hin zu einer geschlossenen Tür gefolgt waren und dennoch nicht aufgaben, wurden wir schließlich belohnt: Ein winziger Laden, geführt von einer marokkanischen Konditorin, die dort drei, in liebevoller Handarbeit gebackene Himbeer-Tartes verkaufte. Wir kauften alle und kamen am nächsten Morgen wieder. Da kauften wir dann wieder drei Himbeer-Tartes und zwei ebenso hübsche Zitronen-Tartes. Und so ging es weiter. Jeden Tag wurden es mehr Tartes, die wir restlos aufkauften, bis wir uns schließlich am Ende des Urlaubs keinen Abend mehr vorstellen konnten, den wir nicht bei einer Kanne Minztee und französischer Konditor-kunst ausklingen ließen. Am Tag unserer Abreise schauten wir ein letztes Mal bei Le pain perdu vorbei, um uns zu verabschieden. Nicht, dass sie auch am nächsten Tag wieder so viele Tartes nur für uns gebacken hätte, die nie abgeholt würden.

OCÉAN VAGABOND

Zwischen Strandspaziergängen, Einkaufen auf dem Markt und Abendessen auf der Dachterrasse unseres Riads, verbringen wir unsere Nachmittage am liebsten im Océan Vagabond – einem Club am Ende der Strandpromenade. Hier gibt es die schönsten Sonnenbetten der Stadt, aus welchen man das Geschehen am Strand aus erster Reihe beobachten kann. Die Kitesurfer, die auf ihren Brettern über die Wellen düsen, die Kamele, die es sich im Sand bequem machen und genüsslich vor sich hinkauen und die Pferde, die Richtung Sonnenuntergang davonreiten. Manchmal ist die Aussicht hier wirklich zu kitschig, um wahr zu sein. In der Abendsonne ist eine eiskalte Flasche Rosé sehr empfehlenswert, und wer eine Abwechslung zur marokkanischen Küche braucht, bekommt hier einen guten Burger und einen sensationellen Schokokuchen.

REZEPTE

In der marokkanischen Küche findet man viel Gemüse. Fleisch und Fisch gibt es zwar in den Restaurants und auf dem Markt, doch in den einfachen marokkanischen Familien kommt es eher selten auf den Tisch. Stattdessen wird mit Kichererbsen und Linsen gekocht und als Beilage gibt es meist Couscous oder das kleine Fladenbrot, das man an den Straßenständen kaufen kann. Gemüse wird in der marokkanischen Küche lange gekocht. Wir lieben die cremige Konsistenz, die es dadurch bekommt. Auf dem Markt findet man tolle Kartoffeln, Karotten, Auberginen, Blumenkohl und Zucchini, die hier einen Großteil der Gerichte ausmachen. Dazu kommen frische Kräuter wie Petersilie, Minze und Koriander, die die Einheimischen allerdings wesentlich sparsamer verwenden, als wir es in unseren Rezepten tun. Die Gerichte leben von intensiven, bunten Gewürzen, zu jedem gehört eine bestimmte Mischung. So kann man auf den Märkten Couscous-Gewürz, Tajine-Gewürz, Fisch-Gewürz, Lamm-Gewürz und unzählige weitere Varianten kaufen. Wir lieben es, unsere Nasen in die Gewürzgläser zu stecken und zu überlegen, was dazu passen könnte.

FRÜHSTÜCK UND AVOCADO

In Essaouira lieben wir unser Morgenritual. Ein früher Strandspaziergang, wenn der Rest der Stadt noch schläft. Danach ein frisch gepresster O-Saft am Hafen, ein kurzer Stopp im Café Driss für Kaffee und warme Croissants. Auf dem Rückweg schauen wir bei unserer Lieblingsbrotfabrik vorbei, die nicht schwer zu finden ist: einfach dem Duft von frisch gebackenem Brot folgen. Dort warten wir so lange, bis die Baguettes ganz heiß aus dem Ofen kommen. Bis wir zu Hause sind, ist ein Baguette meistens schon weg. Zum Rest essen wir am liebsten: Avocados –natürlich frisch vom Markt!

2 Avocados
2 große Eiertomaten
1 kleine rote Zwiebel, geschält
Salz
frisch gemahlener Pfeffer
Koriander
Chilischote, fein gehackt (optional)

Avocados halbieren, entsteinen, das Fruchtfleisch aus den Schalen löffeln und mit einer Gabel zerdrücken. Tomaten und Zwiebel klein würfeln und unterrühren. Mit Salz, Pfeffer und Koriander und nach Belieben mit sehr klein gehackter Chili abschmecken.

ZWEI SÄFTE UND EIN SMOOTHIE

Kaum eine andere Sache lieben wir an Marokko so sehr wie die kleinen Straßenstände, die mit gusseisernen Hebelpressen frischen Saft à la minute pressen und das für unschlagbare 50 Cent pro Glas. Im Urlaub vergeht kein Tag, an dem wir uns nicht einen Orangen- oder Granatapfelsaft holen und mit Aussicht auf den Hafen schlürfen. Der Saftverkäufer unseres Vertrauens kennt inzwischen schon unsere Lieblingskombis und erwartet uns jeden Morgen mit einem strahlenden Lächeln – wir können uns keinen besseren Start in den Tag vorstellen.

ORANGEN-GRANATAPFEL-SAFT

Saft von 2 großen Orangen

Saft von ½ Granatapfel

ORANGEN-ZITRONEN-SAFT

Saft von 3 Orangen

Saft von 1 Zitrone

AVOCADO-ORANGEN-SMOOTHIE

Fruchtfleisch von ½ reifen Avocado

Saft von 2 Orangen

Saft von 1 Zitrone

evtl. ½ Dattel (für die, die es süßer mögen; wir verwenden sie nicht)

Für den Smoothie alle Zutaten in den Mixer geben und cremig pürieren. Er schmeckt auch zu Popsicles verarbeitet super. Dafür sollte die Masse aber etwas gesüßt werden.

GEMÜSE-TAJINE

Ein marokkanischer Klassiker und unser Wohlfühlessen, egal ob bei Chez Chegrouni in Marrakesch oder bei uns zu Hause. Wir haben das Rezept ganz einfach gehalten, mit Gemüse, das man überall findet. Das Tolle an einer Tajine ist, dass man sie nach Lust und Laune aufpeppen kann. Wir fügen häufig noch Kichererbsen oder Linsen hinzu und verfeinern sie mit getrockneten Aprikosen oder unseren Salzzitronen (Rezept Seite 102). Die Tajine-Spezialmischung vom Gewürzmann unseres Vertrauens darf natürlich nicht fehlen. Alternativ tut es aber auch eine Mischung aus Harissa und Ras el Hanout oder eine Kombination aus Ras el Hanout mit Ingwer, Kreuzkümmel, Paprika und Zimt.

4 mittelgroße Kartoffeln

2–3 mittelgroße Karotten

2 Zucchini

4 Tomaten

1 Zwiebel

Salz

½ Salzzitrone

½ Bund Petersilie

2 Knoblauchzehen

250 ml Gemüsefond

2 EL Tajine-Gewürz (Cayennepfeffer, Kurkuma, Koriander, Kreuzkümmel, Schwarzkümmel, Pfeffer, Bockshornkleesaat, Paprika, Piment, Senfsaat, Chili, Ingwer, Fenchel, Knoblauch, Kardamom etc.)

Die Tajineform 1 Stunde in Wasser legen, damit sie nicht wegen Trockenheit im Ofen oder auf dem Gasherd zerspringt. Wer die Tajine in einer modernen, ofenfesten Form zubereitet, kann darauf verzichten.

Gemüse waschen. Zwiebel, Kartoffeln und Karotten schälen und in längliche Stücke schneiden, die Zucchini ebenfalls der Länge nach in Stücke schneiden. Tomaten in Scheiben schneiden. Das Gemüse pyramidenförmig in die Form schichten. Dabei jede Schicht ein wenig salzen. Die Tomaten beiseitelegen.

Salzzitrone sehr fein schneiden. Petersilienblätter von den Stängeln zupfen. Die Stängel sehr fein hacken, die Blätter zum Servieren aufbewahren. Knoblauch schälen und reiben.

Den Gemüsefond mit Knoblauch, Tajine-Gewürz, Salz und Petersilienstängeln aufkochen. Die Salzzitrone hinzufügen und dann alles über das Gemüse gießen. Mit den Tomatenscheiben belegen und den Deckel einsetzen. Im Ofen bei 175 °C oder auf der Gasflamme in 45–60 Minuten garen. Mit Petersilie bestreuen und servieren.

LE COUSCOUS TRADITIONEL

Freitag ist der traditionelle Couscous-Tag in Marokko. Diesmal hatten wir das Glück, ihn ganz original mit der Köchin des Hauses zubereiten zu dürfen. Wie man sieht, schneiden die Marokkaner das Gemüse relativ groß. Auberginen werden beispielsweise nur halbiert, damit das Aroma besser erhalten bleibt und das Gemüse schön cremig wird. Wir bevorzugen es ein wenig kleiner, weil wir es schöner und praktischer finden. Die Entscheidung ist aber jedem selbst überlassen. Marokkanisches Couscous sollte man nicht kochen, wenn man in Eile ist, denn es braucht seine Zeit. Richtiges Slow Food für einen verregneten Nachmittag – freitags natürlich.

Damit das Couscous Traditionel gelingt, benötigt man einen hohen Kochtopf mit Dämpfeinsatz und fest schließendem Deckel sowie klassischen Couscous.

250 g Mairüben
300 g Weißkohl oder Wirsing
300 g Möhren
300 g Kürbis
2 Zucchini
1 Aubergine
4 Zwiebeln
500 g klassischer Couscous (nicht Instant-Couscous!)
3 EL Olivenöl
2–2,5 l Gemüsefond
1½ EL frisch geriebener Ingwer
2 gehäufte EL Couscous-Gewürz
Salz
0,75–1 kg Tomaten
2 Bund Koriander, gehackt

Das Gemüse waschen, abtupfen und ganz nach Belieben in Stücke schneiden. Die Zwiebeln schälen, aber nur 2 Stück in Spalten schneiden. Das Couscous in den Dämpfeinsatz geben und mehrfach durchspülen. Keine Angst, es wird nicht viel verloren gehen, auch wenn die Löcher des Einsatzes groß erscheinen. Sobald der Couscous feucht ist, rieselt nichts durch. Nach dem Waschen beiseitestellen.

In dem hohen Kochtopf das Öl erhitzen. Die beiden übrigen Zwiebeln klein würfeln und anbraten. Nach einigen Minuten mit dem Gemüsefond ablöschen. Ingwer, Couscous-Gewürz, reichlich Salz und die Hälfte des gehackten Korianders hinzufügen. Alles gut 10 Minuten kochen lassen, dann das gesamte Gemüse in den Sud geben.

Den Dämpfeinsatz mit dem Couscous und den Deckel in den Kochtopf einsetzen und den Topfinhalt auf mittlerer Hitze brodeln lassen. Das Gericht ist fertig, sobald das Getreide die gewünschte Konsistenz erreicht hat. Das dauert mindestens 30 Minuten.

Nun die Tomaten sehr fein würfeln, mit dem Couscous und etwas Sud vermischen und die Mischung mit Salz abschmecken. Auf eine große Platte geben und mit dem gegarten Gemüse belegen. Eventuell noch etwas Gemüsesud darübergießen. Mit Koriander bestreuen.

MAROKKANISCHE SALATE

Wir lieben das Konzept von vielen Speisen für den ganzen Tisch, die man herumgibt und mit allen teilt. So kann jeder von jedem probieren. Wenn wir in Marokko sind und kochen, dann meistens von allem ein bisschen, weil wir uns auch gar nicht entscheiden möchten. Die Salate auf den folgenden Seiten sind perfekt für eine große orientalische Tafel. Je nachdem, wie viel Zeit und Muße wir haben, machen wir alle oder auch nur zwei bis drei. Dazu gibt es marokkanisches Fladenbrot und eine große Schale Hummus (Rezept Seite 98), die meistens viel zu schnell leer ist, egal wie viel wir machen. Unsere schönsten Marokko-Urlaubserinnerungen sind die, als wir mit Freunden den ganzen Nachmittag lang gekocht und abends gemeinsam an der großen Tafel auf der Dachterrasse gesessen, erzählt und gelacht haben. Essen hat dann so etwas Gemeinschaftliches, dass es uns gar nichts mehr ausmacht, unseren Hummus zu teilen.

SALADE MAROCAINE

Dieser Salat steht und fällt mit der Qualität der Tomaten und Gurken. Auf das richtige Aroma kommt es an. Der eigentliche Aufwand beim Salade Marocaine liegt in der Schnippelarbeit. Also: genügend Zeit einplanen oder ein paar helfende Hände dazuholen, wenn man den Salat für eine große Runde machen möchte. Je kleiner das Gemüse geschnitten ist, desto besser.

500 g sonnengereifte Tomaten
1 große grüne Paprikaschote
1 Gurke
1 große Zwiebel
½ Bund Petersilie
1 EL Kreuzkümmelsamen
Salz
frisch gemahlener Pfeffer
1–2 EL Olivenöl
1 Spritzer Zitronensaft (optional)

Tomaten, Paprika und Gurke waschen, abtupfen und möglichst klein würfeln. Von der Gurke entfernen wir meistens das Kerngehäuse. Die Zwiebel schälen und ebenfalls klein würfeln.

Alles in eine große Schale füllen. Petersilie klein schneiden und zum Gemüse geben. Kreuzkümmel ohne Fett kurz in der Pfanne anrösten, frisch im Mörser mahlen und hinzufügen.

Den Salat mit Salz, Pfeffer und Olivenöl mischen; eventuell mit einem Spritzer Zitronensaft abschmecken. Ob es Zitrone braucht, hängt vom Säuregrad der Tomaten ab.

LINSENSALATE

Beluga-Linsen sind eine dieser Zutaten, die wirklich nicht viel brauchen. Sie haben an sich schon einen so zarten Geschmack, dass wir sie nur noch etwas verfeinern. Die beiden folgenden Salate erinnern an den Orient und bleiben mit den Linsen trotzdem bodenständig und heimatverbunden. Sie landen bei uns oft auf dem Tisch, wenn wir in großer Runde essen, denn sie machen auch in größerer Menge so gut wie gar keinen Aufwand.

LINSENSALAT MIT GRANATAPFEL

1 Tasse Belugalinsen (200–250 ml)

Salz

1 walnussgroßes Stück Ingwer

1 Knoblauchzehe

2 EL Olivenöl

1 EL weißer Aceto Balsamico

1 große Handvoll Korianderblätter

100 g Granatapfelkerne

Die Belugalinsen über Nacht einweichen lassen. Am nächsten Tag abgießen, waschen und in viel Salzwasser (auch wenn es anders auf der Packung steht) 5–7 Minuten kochen.

Ingwer und Knoblauch sehr fein reiben und in einer großen Schale mit Öl, Balsamico und Salz zu einer Sauce verrühren. Die Linsen abgießen, abtropfen lassen, unter das Dressing mischen und etwas ziehen lassen. Kräuter und Granatapfelkerne erst kurz vor dem Servieren unterheben.

LAUWARME LINSEN MIT ROTER BETE

1 Tasse Berglinsen (200–250 ml)

Salz

300 g kleine knackige Rote Beten

2 Knoblauchzehen

35 ml Olivenöl

1 Bund Petersilie

1 Handvoll Walnusskerne, nach Belieben geröstet

35 ml Arganöl

Saft von ½ Orange

1½ EL Ras el Hanout

1 Spritzer Zitronensaft (optional)

1 kleiner Ziegenfrischkäse (75–100 g)

Berglinsen über Nacht einweichen. Abgießen, waschen und in reichlich Salzwasser 5–7 Minuten kochen. Sie sollten noch etwas Biss haben. Abgießen und in eine Schale füllen. Rote Bete gut waschen, abbürsten und abtrocknen. In Spalten schneiden. Knoblauch schälen und klein hacken.

In einer hochwandigen Pfanne das Olivenöl erhitzen. Rote Bete und Knoblauch darin scharf anbraten. Die Hitze leicht runterschalten und weiterbraten, dabei immer wieder wenden, bis die Bete-Stücke kross und weich sind. Währenddessen Petersilie und Nusskerne grob hacken. Beides zu den Linsen geben.

Arganöl, Orangensaft, Ras el Hanout und großzügig Salz miteinander verrühren. Zu Linsen, Nüssen und Petersilie geben und alles mischen. Nach Geschmack nachsalzen und nach Belieben mit ein wenig Zitronensaft abschmecken. Mit der Roten Bete und dem klein gezupften Ziegenfrischkäse großzügig bestreuen.

SALADE AUX AUBERGINES

Diesen Salat haben wir das erste Mal auf der Dachterrasse eines kleinen Restaurants in der Nähe des Jama al Fnaa gegessen. Wir waren hin und weg und so störte es uns auch nicht, dass er im Grunde genommen nichts mit einem Salat zu tun hatte. Die Auberginen werden nämlich so lange angebraten, bis sie fast cremig sind, aber nicht zerfallen. Am besten mit einem guten Brot oder zum Couscous servieren.

4 Auberginen

2 Knoblauchzehen

1 guter EL Tajine-Gewürz

Salz

frisch gemahlener Pfeffer

1 große Zwiebel

100 ml Olivenöl

Saft von 1 Zitrone

1 Bund Petersilie, gehackt

1 Handvoll geröstete Walnusskerne

Auberginen waschen und in Würfel schneiden. Knoblauch schälen, fein reiben und zusammen mit dem Tajine-Gewürz gleichmäßig unter die Aubergine mischen. Salzen und pfeffern. Zwiebel schälen und fein würfeln.

In einer hochwandigen Pfanne das Olivenöl erhitzen und die Zwiebelwürfel darin rösten, bis sie goldbraun sind. Die Auberginen-Mischung hinzufügen, scharf anbraten und die Hitze ein wenig zurücknehmen. Stetig rühren und weiterbraten, bis die Auberginen weich und cremig sind, jedoch nicht zerfallen. Das kann bis zu 30 Minuten dauern, auf der Gasflamme geht es ein wenig schneller. Etwas abkühlen lassen.

Zitronensaft einrühren und nochmals mit Salz abschmecken. Mit gehackter Petersilie und den gerösteten Walnüssen anrichten.

Das Rezept funktioniert auch im Ofen. Dafür wird das Olivenöl mit den gewürzten Auberginenwürfeln gemischt, gleichmäßig auf dem Backblech verteilt und ca. 20 Minuten bei 200 °C im Ofen gebacken.

BLUMENKOHL-FENCHEL-SALAT

KICHERERBSEN-SALAT

Schmeckt auch sehr gut mit einem gehobelten, knackigen Apfel.

1 kleiner Blumenkohl

2 kleine Fenchelknollen

½ Granatapfel

¼ Salzzitrone

½ Bund Petersilie

100 g geröstete Mandelblättchen (oder ganze Mandeln ohne Öl rösten und hacken)

¼ TL Kreuzkümmelsamen (nach Belieben mehr)

2 Messerspitzen Fenchelsamen

2 EL Olivenöl

1 EL Arganöl

Saft von ½ Zitrone

Saft von ½ Orange

Salz

Die kleinen Röschen vom Strunk des Blumenkohls trennen. Den Strunk für eine Suppe aufbewahren. Die Fenchelknollen ganz fein hobeln, Granatapfelkerne pulen, die Salzzitrone in feinste Streifen schneiden. Petersilienblätter von den Stängeln zupfen. Alles in eine Salatschale geben. Mandeln hinzufügen.

Kreuzkümmel- und Fenchelsamen trocken rösten und im Mörser mahlen. Mit Oliven- und Arganöl sowie den Zitrussäften mischen; das Dressing salzen. Unter die Zutaten in der Schale heben. Falls der Salat nicht sofort gegessen wird, die Granatapfelkerne erst kurz vor dem Servieren unterheben.

Dieser Salat schmeckt sowohl mit rohen, als auch mit ofengebackenen Tomaten. Die erste Variante ist frischer und für uns im Sommer perfekt. Im Herbst oder Winter empfehlen wir, die Tomaten im Ganzen mit etwas Olivenöl und grobem Meersalz im Ofen zu backen und den Salat lauwarm zu servieren. So wird aus dem Gericht ein tolles Comfort-Food für jede Jahreszeit. In beiden Fällen verwenden wir kleine aromatische Datteltomaten, weil die so eine tolle Süße haben.

1 Tasse getrocknete Kichererbsen (200–250 ml)

Salz

350 g kleine Datteltomaten

½ Bund Petersilie

½ Bund Koriander

1 gehäufter EL Harissa-Paste

1 TL Ras el Hanout

3–4 EL Olivenöl

Saft von ½ Zitrone

Die Kichererbsen über Nacht in Wasser einweichen. Am nächsten Tag abgießen, waschen und in reichlich Salzwasser 30–45 Minuten kochen. Sie sollten noch Biss haben.

Tomaten halbieren oder vierteln, Kräuter hacken und alles mit den Kichererbsen in eine Salatschale geben. Aus den restlichen Zutaten und etwas Salz das Dressing anrühren, über die Zutaten in der Schale geben und alles gut wenden. Der Salat zieht gerne etwas durch, kann also gut vorbereitet werden.

GRÜNES TABOULEH

Bei unserem letzten Besuch in Marrakesch haben wir auf der Dachterrasse vom Restaurant Nomad ein so tolles Tabouleh in der Abendsonne gegessen, dass wir es in unserer eigenen Küche in Essaouria sofort nachkochen mussten. Wir haben es etwas abgewandelt und ein neues Lieblingsessen gezaubert, das mit oder ohne Abendsonne einfach nach Sommer schmeckt.

250 g Instant-Couscous

Salz

150 g frisch gepulte Erbsen

je 1 Bund Minze, Koriander und Petersilie

Schale von ½ Salzzitrone

Kerne von ½ Granatapfel (falls diese nicht Saison haben: 3 EL getrocknete Berberitzen, gewaschen)

3 EL goldene Rosinen

100 g geröstete Mandelblättchen

1 EL Kreuzkümmelsamen

frisch gemahlener Pfeffer

Schale von ½ Zitrone

Saft von mindestens 1 Zitrone, je nach Größe etwas mehr

4–5 EL Olivenöl

1 EL Agavensirup

Couscous in einer großen Schüssel mit der 1,5-fachen Menge kochendem Wasser und ¼ TL Salz aufgießen; 10 Minuten ziehen lassen. Ab und zu umrühren, damit keine Klümpchen entstehen. Ausreichend abkühlen lassen. Wir stellen es gerne über Nacht in den Kühlschrank, da uns Tabouleh am besten gut gekühlt schmeckt.

Die Erbsen in etwas Salzwasser 2–3 Minuten blanchieren und anschließend kalt abschrecken. Die Kräuter sehr fein hacken (Minze von den Stängeln entfernen), Salzzitrone sehr fein schneiden. Diese vorbereiteten Zutaten mit den Granatapfelkernen, Rosinen und Mandeln zum Couscous geben.

Kreuzkümmel kurz anrösten und im Mörser mahlen. Mit 1 TL Salz, Pfeffer, Zitronenschale und -saft, Olivenöl und Agavensirup zu einem Dressing verquirlen. Gleichmäßig unter das Couscous heben. Abschmecken und frisch genießen. Schmeckt aber auch am nächsten Tag.

HUMMUS

Ein absolutes Basic, das in unserem Kühlschrank zu keinem Zeitpunkt fehlt. Wenn wir fragen, ob wir zu einem Essen oder als Gastgeschenk etwas mitbringen dürfen, lautet die Antwort fast immer einstimmig: HUMMUS. Everybody's darling also und dabei so wandelbar, dass es nie langweilig werden muss. Bohnen-Hummus, Rote-Bete-Hummus, Paprika-Hummus – wir haben schon alles ausprobiert und trotzdem lieben wir am Ende des Tages doch die klassische Variante von allen am meisten.

½ TL Kreuzkümmelsamen

½ TL Koriandersamen

300 g weich gekochte Kichererbsen (gerne auch aus dem Glas)

50 ml Kochwasser von den Kichererbsen (alternativ den Sud aus dem Glas)

50 ml Olivenöl

2 EL weißes Tahini (Sesampaste)

Saft von 1 Zitrone, Salz

Kreuzkümmel- und Koriandersamen ohne Fett in der Pfanne rösten, bis sie wundervoll duften. Dann im Mörser mahlen. Alle Zutaten in ein hohes schmales Behältnis geben und mit dem Stabmixer zu einer feinen Paste verarbeiten.

Hummus mit Salz abschmecken. Falls es zu pastös ist, noch etwas Kichererbsenwasser oder Öl hinzufügen. In eine Schale umfüllen, mit Olivenöl beträufeln und servieren.

BABA GANOUSH

Baba Ganoush ist ein Auberginenpüree aus der arabischen Küche und passt wunderbar
zu einer orientalischen Tafel. Im Original wird dafür viel Tahini verwendet. Das ist uns aber
ein bisschen zu dominant im Geschmack und wir verwenden stattdessen lieber Mandelmus
für eine etwas mildere Variante. Wir mögen Baba Ganoush am liebsten mit frischer Petersilie
und geröstetem Sesam bestreut.

2 Auberginen
2 Messerspitzen Chiliflocken
6 Knoblauchzehen
Salz
3 EL Naturjoghurt (optional)
3 EL weißes Mandelmus
2 EL Olivenöl, mehr zum Beträufeln
1 EL geröstetes Sesamöl
frisch gemahlener Pfeffer

Den Backofen auf 200 °C vorheizen. Die Auberginen rundherum
einige Male mit dem Messer einstechen und auf einem Backblech
mindestens 45 Minuten backen. Wenn sie gar sind, lassen sie sich
anschließend problemlos aus der Schale kratzen.

Die Chiliflocken mit dem Mörser zerreiben. Knoblauch schälen
und reiben. Mithilfe einer Gabel mit ¼ TL Salz und Chili zerdrücken.
Mit Joghurt (nach Belieben), Mandelmus, Olivenöl und Sesamöl
zur ausgelösten Aubergine geben und alles mit der Gabel fein zerdrücken. (Wer es eilig hat und etwas feiner mag, nimmt den Stabmixer zur Hand.) Baba Ganoush mit Salz und Pfeffer abschmecken,
in eine Schüssel geben und mit Olivenöl beträufeln.

MOROCCAN ESSENTIALS

SALZZITRONEN

„The tiny little extra, that is worth waiting for."
Salzzitronen sind eine marokkanische Speziali-
tät, die man dort neben kunstvoll aufgetürmten
Oliven auf den Märkten findet. Man isst sie zum
Couscous, in der Tajine und in Salaten, die dadurch besonders aromatisch schmecken und das
gewisse marokkanische Etwas bekommen.

6 Bio-Zitronen

150 g Salz

6 Lorbeerblätter

2 Chilischoten (optional)

Zitronen gut waschen und abtrocknen. Jede einzelne
Frucht rundherum mehrmals tief einschneiden.
In jeden Einschnitt so viel Salz wie möglich reiben.
Das funktioniert am besten, wenn man die Zitrone
so zusammendrückt, dass die Schnitte aufklaffen.

Die Zitronen in ein großes Einmachglas schichten,
Lorbeerblätter und Chilis hinzufügen und das Ganze
mit kochendem Wasser auffüllen. Mit einem Stein
beschweren, damit alle Zitronen unter Wasser bleiben
und sämtliche Luft entweicht.

Einen Tag stehen lassen, danach den Stein entfernen
und nochmals kochendes Wasser zuschütten. Das Glas
luftdicht verschließen und die Zitronen mindestens
etwa 6 Wochen bei Zimmertemperatur ruhen lassen.
Im Sud sind sie danach noch mehrere Wochen haltbar.

AMLOU

Die marokkanische Alternative zu Mandelbutter.

300 g Mandeln, geschält

300 g Orangenblütenhonig

150–300 ml Arganöl
(je nach gewünschter Konsistenz)

Die Mandeln bei mittlerer Hitze in einer Pfanne
rösten, bis sie goldbraun sind und duften. In der
Küchenmaschine zusammen mit dem Arganöl ver-
mixen. Dann den Honig dazugeben und alles weiter
pürieren, bis eine geschmeidige Masse entstanden
ist. Noch etwas Arganöl hinzufügen, falls nötig –
die Mandeln dicken das Amlou ein.

PISTAZIEN-AMLOU

So lecker, dass wir es am liebsten löffelweise
essen. Wenn wir vernünftig sind, dann auf
einem guten Brot oder im Porridge.

60 g geröstete Pistazienkerne

45 g flüssiger Honig

1 EL abgeriebene Bio-Orangenschale

2 EL Arganöl

2 große Messerspitzen frisch gemahlene
Zimtblüte

einige Tropfen Orangenblütenwasser

Alle Zutaten mit dem Stabmixer fein pürieren.

SÜSS

In Marokko isst man sehr gerne süß. An jeder Ecke findet man Datteln, Rosinen,
Feigen und eine riesige Auswahl an klebrigem Gebäck, das für unseren Geschmack viel
zu süß ist. Wir haben uns von den Gewürzen und Geschmäckern inspirieren lassen
und damit alte Lieblinge neu interpretiert.

GEWÜRZTES EISKONFEKT

100 g bestes Kokosöl

100 g dunkle Kuvertüre (70 %)

1 gehäufter TL lösliches Kaffeepulver

Schale von 1 Bio-Orange (für die Eiskonfektmasse
und zum Garnieren)

2 EL Kakaopulver (ungesüßt)

2 EL Puderzucker

1 großzügige Messerspitze
geriebene Muskatnuss

1 großzügige Messerspitze
gemahlener Kardamom

1 TL gemahlener Zimt

Konfektförmchen

Kokosöl und Kuvertüre im Wasserbad schmelzen. Kaffeepulver mit dem Mörser zerstoßen. Die Hälfte der Orangenschale für die Garnitur beiseitelegen.

Das Kaffeepulver und die Hälfte der Orangenschale mit allen anderen Zutaten mit einem kleinen Schneebesen gleichmäßig in die flüssige Schokolade einrühren. Die Masse in die Förmchen füllen und kurz abkühlen lassen. Dann nach Lust und Laune verzieren.

AFFOGATO MAROCAINE

Ein Klassiker, den wir auch ganz simpel
lieben – durch die Gewürze bekommt er
aber noch das gewisse Etwas.

frisch gemahlener Kaffee
für 4 Espressotassen

½ TL gemahlener Zimt

¼ TL gemahlener Kardamom

½ TL gemahlene Muskatnuss

4 Kugeln Vanilleeis

Den Kaffee mit den Gewürzen mischen und in den Mittelteil der Kaffeemaschine füllen. Wie gewohnt den Espresso kochen. Er sollte nicht „zu dünn" sein. Sofort mit dem Vanilleeis servieren.

GEWÜRZBROWNIES

Vielleicht einer unserer besten Brownies. So gut, dass wir uns gar nicht entscheiden können, wie wir ihn lieber essen: warm mit einer Kugel Vanilleeis
oder eiskalt aus dem Freezer. Aber warum überhaupt entscheiden: Brownies
schmecken immer am besten, wenn man zwei Stücke davon isst.

100 g Kakaobutter

200 g Schokolade (50%)

50 g weißes Mandelmus

50 g weißes Tahini (Sesampaste)

200 g brauner Zucker

2 Eier

1 guter TL gemahlener Zimt

½ TL geriebene Muskatnuss

¼ TL gemahlener Kardamom

Mark von 2 Vanilleschoten
(oder entsprechender Ersatz: z. B.
Vanillepaste oder -konzentrat)

75 g Mehl

1 gehäufter TL Backpulver

Den Backofen auf 175 °C (Umluft) vorheizen. Eine kleine
Brownie-Backform mit Backpapier auskleiden. Kakaobutter,
Schokolade, Mandelmus und Tahini in einer Schüssel im Wasserbad
schmelzen. Wasserbad vom Herd nehmen.

In einer zweiten Schüssel Zucker und Eier in etwa 5 Minuten
schaumig schlagen. Anschließend zuerst alle Gewürze, dann Mehl
und Backpulver einrühren. Zum Schluss die Schokoladenmasse
hineingeben und auf höchster Geschwindigkeit unterrühren. Der
Teig wird richtig batzig – das muss so sein –, also nicht wundern.
In die Form füllen und 20 Minuten backen.

ORANGEN-GRIESS-KUCHEN

Grieß findet man in Marokko an jeder Ecke. In großen Säcken steht er neben ebenso großen Säcken gefüllt mit Couscous, Linsen und Kichererbsen. Wenn man an diesen Ständen einkauft, wird die Ware noch auf alten Waagen mit Messinggewichten abgewogen, und wir finden es immer wieder faszinierend, wie genau die Händler die richtige Menge abschätzen. Dieser Kuchen bekommt durch den Grieß einen tollen Biss und wird nach dem Backen noch mit einem Orangensirup übergossen. So wird er richtig saftig und klebrig – genau wie die Marokkaner es lieben, nur nicht ganz so süß.

125 g weiche Butter,
mehr für die Form

100 g Weichweizengrieß,
mehr für die Form

2 Eier

100 g Zucker

abgeriebene Schale von 1 Bio-Orange

100 ml frisch gepresster Orangensaft

100 g Mehl

1 EL Backpulver

ORANGENSIRUP

150 ml frisch gepresster Orangensaft
(ohne Fruchtfleisch)

150 g Zucker

½ TL Orangenblütenwasser

Den Backofen auf 175 °C (Umluft) vorheizen. Eine mittelgroße runde Form mit Butter einfetten und mit Grieß ausstreuen. Eier und Zucker in einer Rührschüssel schaumig schlagen. Dann nacheinander 125 g Butter, die Orangenschale, den Orangensaft, 100 g Grieß sowie Mehl und Backpulver einrühren. Die Masse in die Form füllen und 30 Minuten backen.

In dieser Zeit den Sirup zubereiten. Hierfür den Orangensaft mit dem Zucker aufkochen und unter ständigem Rühren in 15 Minuten eindicken lassen.

Sobald der Wecker klingelt, den Kuchen aus dem Ofen holen und 5 Minuten in der Form ruhen lassen. Anschließend auf eine Platte stürzen und sofort gleichmäßig mit dem Sirup begießen. Abkühlen und durchziehen lassen.

ZITRONEN- UND ORANGENZUCKER

Wann immer wir Bio-Zitrusfrüchte verwenden, werden auch die Schalen genutzt. Mit der abgeriebenen Schale kann man wunderbar Zucker, Salz oder Öl aromatisieren. Hübsch verpackt ist das auch ein nützliches Mitbringsel für Freunde, die gerne backen oder kochen.

1 EL Zitronen- bzw.
Orangenschalenabrieb

2 EL Zucker

Abgeriebene Schale und Zucker gut miteinander vermischen und auf einem sauberen Blech verteilen. Einen Tag austrocknen lassen, dann abfüllen.

ORANGEN-TIRAMISU

Orange à la canelle ist eines der typischsten Desserts in Marokko. Da in unserer Familie Obst aber noch nie als vollwertige Nachspeise angesehen wurde, haben wir kurzerhand ein Tiramisu daraus gemacht. Wir haben dazu übrig gebliebenen Mini-Pandoro verwendet. Ein anderes Hefegebäck (z. B. Hefezopf oder Siziliana) tut es aber auch.

BASIS

4 Scheiben Mini-Pandoro Siziliana
(oder anderes Hefegebäck)

3 EL Orangenlikör

Saft von 1½ Orangen

einige Tropfen Orangenblütenwasser

CREME

250 g Mascarpone

½ TL gemahlener Zimt

Saft von 2 Orangen
(samt Fruchtfleisch)

abgeriebene Schale von ½ Bio-Orange

2 gehäufte EL Zucker

TOPPING

2 große Orangen, geschält und in
Scheiben geschnitten

gemahlener Zimt

Die Kuchenscheiben als Basis in die Gläser legen. Orangenlikör, -saft und -blütenwasser miteinander verrühren und auf die Kuchenscheiben träufeln.

Für die Creme alle Zutaten in einen hohen Rührbecher geben und cremig schlagen. Auf die Gläser verteilen, 1–2 Orangenscheiben auf die Creme legen und die Gläser zugedeckt mindestens 1 Stunde kühlen. Vor dem Servieren mit Zimt bestäuben.

ASIEN

ALS ich noch ein Kind war, arbeitete mein Vater eine Zeit lang auf den Philippinen. Wir wurden für einige Wochen vom Schulunterricht befreit, damit wir drei Monate mit ihm in Manila verbringen konnten. Von dort reisten wir nach Taipeh, Singapur, Thailand und auf andere philippinische Inseln. Das war vor vierzig Jahren, als vieles noch anders und ursprünglicher war. Aber zwei Dinge haben mich schon damals vom ersten Moment an fasziniert. Zum einen die riesigen Obst- und Gemüsemärkte, selbst in den verwinkeltsten Gassen, mit einer Vielfalt, die wir bis dahin in unserem Leben nicht gesehen hatten. Zum anderen die Liebe zum Detail. Ob Phuang Malai, die thailändischen Blumenketten aus Jasmin- und Rosenblüten, mit denen man vielerorts begrüßt wird, mit denen Straßenstände verschönert werden und die in Tempeln als Opfer dargebracht werden oder die Orchidee auf dem Kopfkissen im Hotelzimmer. Es war so schön und liebevoll.

Beim Essengehen ist mir das als Kind besonders aufgefallen. Geschnitzte Früchte, Bananen-blätter und frische Blüten. Obwohl bei uns zu Hause der Tisch immer schön gedeckt wurde, kannte ich diese Art von Hingabe zu kleinen Dingen nicht. Es hat mich in so vielerlei Hinsicht nachhaltig geprägt. Das Auge isst mit, das habe ich spätestens an einem Abend in Manila er-kannt, als ich mit meinen Eltern und Geschwistern im Josephine's (alleine, dass ich mir den Namen gemerkt habe, sagt alles) gegessen habe und zum Dessert ein Mango-Sorbet bestellte. Da kam ein Teller mit einem Bananenblatt, auf dem das Sorbet in einer geköpften frischen Kokosnuss serviert wurde. Wir waren beeindruckt. Nicht nur von der Präsentation, sondern vor allem vom Geschmack der Zutaten. So anders als zu Hause, so frisch und so exotisch, dass es mir damals sogar abenteuerlich vorkam. Vorbei waren die Zeiten von deutschem Obstquark. Der war Geschichte.

Ich denke, dass es meinen Kindern ganz ähnlich ging, als wir vor vielen Jahren in Bangkok waren und sie von den bunten Märkten überwältigt wurden. Und wie groß die Augen wurden, als es abends Wassermelonen gab, die zu Kunstwerken geschnitzt waren.

Zu Hause muss es nicht ganz so perfekt aussehen. Da schätzen wir die kleinen Dinge, wie etwa, wenn wir bei uns im Asiamarkt eine Zutat finden, die wir sonst nur von den Märkten in Hongkong kennen. Asiatisches Essen bedeutet für uns vor allem knackige Salate mit frischen Zutaten, scharfe Nudelsuppen, bunte Currys und würzige Saucen. Das sind keine authentischen Rezepte, sondern Gerichte, die von unseren Reisen nach Fernost, von den Obst- und Gemüse-märkten, leuchtenden Farben und von unseren Erinnerungen inspiriert wurden. Nicht mehr und nicht weniger. Für uns ist es kunterbuntes Wohlfühlessen. Für unterwegs und zu Hause.

PAI HUANG GUA
GESCHLAGENER GURKENSALAT

Für Franzi, die uns einmal gefragt hat, ob das etwas mit Kampfsport zu tun hat.

„Geschlagener Gurkensalat" hört sich brutal an, ist es aber nicht.
Die Gurken werden mit einem Messer so gequetscht, dass sie die Sauce besser
aufnehmen können. Der Salat ist einfach und macht süchtig. An heißen Tagen
ist er wahnsinnig erfrischend und passt super zum sommerlichen Grillabend mit
Freunden. Also: kein Mitleid mit den Gurken und ran ans Messer.
Für diesen Salat am besten schlanke feste Bio-Gurken oder die kleinen
knackigen Mini-Gurken verwenden.

2 schlanke feste Bio-Gurken

2 EL geschälter weißer oder
schwarzer Sesamsamen

3 EL helle Sojasauce

2 EL Reisessig

1 EL Kokosblütenzucker
(oder Ahornsirup)

1 große Knoblauchzehe, fein gehackt

1 kleine rote Chillischote, fein gehackt

1–2 EL geröstetes Sesamöl

etwas Koriander oder Schnittlauch
zum Aufhübschen

Die Gurken sehr gut waschen und abtrocknen. Jeweils beide Enden von den Gurken
knapp abschneiden. Mit der Breitseite eines großen Kochmessers die Gurken von vorne bis hinten zerquetschen. Man kann sie auch schlagen – Hauptsache, das Resultat
stimmt. Anschließend in mundgerechte Stücke schneiden, nicht das Kerngehäuse
entfernen. Sesamsamen ohne Fett anrösten, damit sie ihr volles Aroma entfalten.

Aus den restlichen Zutaten (bis auf Sesamöl, Koriander oder Schnittlauch) das Dressing rühren; abschmecken. Gründlich mit den Gurken und dem Sesamöl vermengen.
Der Salat kann ruhig ein wenig durchziehen, hält es also auch für eine ganze Weile auf
einem Buffet aus ohne zusammenzufallen. Mit etwas Grün schmücken.

POMELOSALAT

Pomelosalat macht man nicht alle Tage. Denn bis eine Pomelo geschält ist, braucht man schon ziemlich viel Geduld oder ein paar helfende Hände. Und bei so viel Vorbereitung kann es schon mal vorkommen, dass man ungeduldig wird und den Salat in Nullkommanix aufgegessen hat – noch bevor einem auffällt, dass man eine Zutat komplett vergessen hat. Nur so können wir uns erklären, warum auf diesem Bild die rote Zwiebel fehlt. Und noch eine Pomelo zu schälen an diesem Tag, war einfach keine Option.

Jetzt können wir den Salat immerhin guten Gewissens auch ohne die Zwiebel empfehlen. Mit schmeckt er uns trotzdem besser.

20 g Ingwer

1 kleine rote Zwiebel (!)

1 Pomelo, einwandfrei geschält

120 g geröstete ungesalzene Erdnusskerne

1–2 Chilischoten (viele Asiaten essen gerne sehr scharf, uns reicht 1)

½ Bund asiatischer Koriander

1 Handvoll Thai-Basilikumblätter

4 EL Erdnussöl

2–3 EL Tamari-Sojasauce

Saft von 1 Limette

2 EL geröstete Sesamsamen

Den Ingwer reiben, dabei den Saft auffangen und mit verwenden. Die Zwiebel schälen und in sehr feine Spalten schneiden. In eine große Schüssel geben.

Pomelo in mundgerechte Stücke zupfen, Erdnusskerne grob hacken, Chilischote(n) entkernen und sehr fein schneiden, und die Kräuter von den Stängeln zupfen. Ebenfalls in die Schüssel geben. Die übrigen Zutaten hinzufügen und alles miteinander vermischen.

- Wir wissen, das wird nicht passieren, aber rein theoretisch könnte man die Reste gut im Kühlschrank bis zum nächsten Tag aufbewahren.
- Statt der Tamari-Sojasauce, macht sich auch Miso in dem Dressing hervorragend. Wenn man Miso nimmt, dieses vorher mit etwas Wasser verrühren.

ASIAN CRUNCH

Knackiges Gemüse und Sesam-Ingwer-Dressing,
das ist alles, was man für diesen Salat braucht.
Je nach Saison, können die Zutaten variieren,
daher kann man sich an ihm nur schwer satt essen.
Bei uns kommt er mindestens einmal im Monat
auf den Tisch und sieht immer wieder anders aus.
Die Mengenangaben sind eher eine Inspiration,
wie er aussehen könnte.

1 Asiatisches Sesam-Ingwer Dressing
(Rezept Seite 29)

2 Handvoll Baby-Blattspinat

2 Karotten, geschält und
fein gehobelt

1 große Spitzpaprikaschote,
in Scheiben geschnitten
(oder besser Kringel)

1 große Handvoll Zuckerschoten, halbiert

1 große Handvoll Knackerbsen, gedrittelt

½ Salatgurke, entkernt,
mundgerecht geschnitten

½ Bund Koriander

1 Handvoll Wasabisprossen

1 Stück Chinakohl, in Streifen geschnitten

Es passen auch Radieschen, Broccolino
(Tenderstem® Broccoli), Gartenerbsen, Pilze,
Micro Greens
und vieles mehr

Alle Zutaten mit dem Dressing vermischen. Sofort
essen. Spinat, Koriander und Chinakohl fallen rasch
zusammen!

GLASNUDELSALAT

100 g Glasnudeln

100 g Broccolini (Tenderstem® Broccoli;
alternativ: Brokkoli)

100 g frische gepulte Erbsen

100 g Wirsing

3 EL Erdnussöl

1½ EL Sojasauce

100 g Shiitakepilze

2 kleine Zucchini

Salz

ca. ⅓ Asiatisches Ingwer-Sesam-
Dressing (Rezept Seite 29)

1 Handvoll Korianderblätter

geröstete Sesamsamen

Die Glasnudeln in einer Schale mit kochendem
Wasser übergießen und 3–4 Minuten ziehen lassen.
Abgießen und abschrecken. Mit einer sauberen
Haushaltsschere etwas kleiner schneiden. So sind
sie später leichter zu mischen und zu essen.

Broccolini waschen und in kleine Stücke schneiden.
Auch den Stiel verwenden, er ist, der Name sagt
es schon, sehr zart. Zusammen mit den Erbsen in
eine Schale geben und ebenfalls mit kochendem
Wasser übergießen. Nach 5 Minuten abgießen und
zu den Nudeln geben.

Den Wirsing in feine Streifen schneiden und in
1 EL Öl etwa 7 Minuten anbraten. Mit der Sojasauce
ablöschen und alles zu den Nudeln geben. Shiitakepilze halbieren, Zucchini in Scheiben schneiden und
jeweils in 1 EL Öl anbraten. Mit etwas Salz würzen.
Beides zu den Nudeln geben. Alles gut mit dem
Dressing durchmischen. Mit Koriander und Sesamsamen anrichten.

ANGEBRATENES GEMÜSE

Eine einfache Beilage oder für den kleinen Hunger zwischendurch.
Auch der zarte Tenderstem® Broccoli oder Wasserspinat, der in Asien
den wunderschönen Namen „morning glory" trägt, eignet sich sehr gut für
dieses schnelle Gericht.

6–8 kleine Pak Choi oder die
entsprechende Menge einer anderen
grünen Gemüsesorte

2 EL Butter

2–3 Knoblauchzehen

1 Schuss Sake

1 TL Maisstärke

4 EL Sojasauce

1 EL Kokosblütenzucker

Pak Choi waschen und trocken tupfen.
Butter in einer Pfanne erhitzen und den Knoblauch
im Ganzen darin leicht anbraten. Das Gemüse
dazugeben und unter Wenden etwa 1 Minute anbraten. Mit Sake ablöschen. In einer Tasse Maisstärke in 6 EL Wasser auflösen, dann Sojasauce und
Kokosblütenzucker untermischen.

Den Pak Choi aus der Pfanne nehmen und zwischenlagern. Das in der Pfanne verbliebene Fett
mit der Sauce ablöschen und eindicken lassen.
Das Gemüse unterheben und alles noch einmal
erhitzen. Das Gemüse sollte al dente bleiben.

SOBA UND ZOODLES
IN CREMIGER ERDNUSSSAUCE

Manchmal gelingen einem durch Zufall einfach die besten Sachen, oder nicht? So war es bei diesem Rezept, das eigentlich gar keines werden sollte, der ganzen Familie aber so gut geschmeckt hat, dass wir es kurzerhand noch in dieses Kapitel aufgenommen haben. Die Sauce eignet sich praktischerweise auch wunderbar, um Currys zu verlängern oder als Dip für die Sommerrollen.

Bei der Zucchini hat man die Wahl: dickere Spiralen drehen und blanchieren oder zarte Spiralen schneiden und roh unter die Nudeln mischen. So oder so – diese Nudeln passen sich an.

SAUCE

250 ml Mandelmilch, ungesüßt

60 g geröstete Erdnusskerne, ungesalzen

40 g Macadamianüsse, natur

1 daumengroßes Stück Ingwer

1 Knoblauchzehe

¼ TL Chiliflocken

1 EL helles Miso

NUDELN

200 g Sobanudeln

1 Zucchini

Salz

TOPPING

Schnittlauchröllchen oder Korianderblätter

geröstete Sesamsamen

gehackte Erdnusskerne

Alle Zutaten für die Sauce in den Behälter des Standmixers geben und fein und cremig pürieren. Mit Miso abschmecken.

Sobanudeln nach Packungsanleitung zubereiten und warm halten. Die Zucchini waschen, im Spiralschneider schneiden und anschließend 2–3 Minuten in Salzwasser kochen. Abgießen, zu den Sobanudeln geben und die Sauce unterrühren. Mit Kräutern, Sesam und Erdnusskernen toppen.

CURRY

Ein Curry ist zu jeder Jahreszeit eines unserer Lieblingsgerichte und der beste Beweis dafür, dass asiatische Gewürze und Kräuter sich ganz fantastisch mit unserem regionalen und saisonalen Gemüse verstehen. Deshalb gibt es hier auch keine konkreten Mengenangaben zu den Gemüsesorten. Wir machen es immer abhängig von dem, was es derzeit frisch auf dem Markt gibt oder was der Kühlschrank gerade bietet. Im Winter mögen wir unser Curry gerne mit Kartoffeln und Wurzelgemüse, im Sommer machen sonnengereifte Tomaten das Curry leicht und frisch. Es gibt wirklich kaum eine Kombi, die nicht schmeckt.

GELBES CURRY

800–900 g Gemüse, in veränderbaren Anteilen: Zucker- schoten, Champignons, Karotten, Tomaten, Zucchini, Brokkoli (oder was immer der Kühlschrank hergibt)

800 ml Gemüsefond, asiatisch oder klassisch (der asiatische ist intensiver; Rezept Seite 27)

1 Scharfe Currypaste (Rezept Seite 24; Zimt und Nelke jedoch durch ein daumengroßes Stück Kurkuma ersetzen)

600 ml Kokosmilch (wir verwenden gerne Aroy-d)

1 EL Maisstärke (optional)

TOPPING

Koriandergrün und/oder Frühlingszwiebeln, geschnitten

Sesamsamen (optional)

Das Gemüse putzen und, bis auf die Zuckerschoten, in kleine Stücke bzw. dünne Scheiben schneiden. Den Fond in einem großen Topf mit der Currypaste aufkochen. Gemüse mit etwas längerer Garzeit zuerst in den Fond geben und 2 Minuten garen, dann das übrige Gemüse hinzufügen und alles weitere 2 Minuten kochen lassen.

Die Kokosmilch hinzufügen und alles nochmals erhitzen. Wer die Sauce lieber dickflüssig mag, kann das Curry mit der Maisstärke (in Wasser aufgelöst) ganz schnell abbinden.

- Mit Koriander, Frühlingszwiebeln und nach Belieben Sesam- samen toppen. Dazu passt ganz klassisch Reis, aber auch andere Getreidesorten, wie Quinoa, Perlgraupen etc.

- Das Curry kann man statt mit Maisstärke auch mit einer mehlig- kochenden Kartoffel in der Currypaste binden. Dafür die Kartoffel mit den Zutaten für die Currypaste in den Mixer geben und fein mixen. Wir binden unsere Currys, vor allem im Sommer, nicht ab.

VIETNAMESISCHE SOMMERROLLEN

Diese Rollen aus Reispapier werden passenderweise auch Glücksrollen genannt. Passend daher, weil kaum ein Gericht wirklich die ganze Familie so glücklich macht, wie dieses hier, denn jeder kann das Reispapier so belegen, wie es ihm am besten schmeckt. Und dann wird gerollt. Bevor es aber so weit ist, gibt es einiges vorzubereiten. Den Tofu legen wir schon am Abend vorher ein, damit er genug Zeit hat durchzuziehen und alle Aromen aufzunehmen. Außerdem spart man so am nächsten Tag Zeit. Statt Tofu (oder auch zusätzlich) kann man Hühnchen, Rind oder Garnelen auf die gleiche Weise marinieren – es soll ja jeder glücklich werden. Grundsätzlich sollte man eher zu viele als zu wenig Zutaten bereitstellen.

DAS WIRD BENÖTIGT
1 Schüssel mit lauwarmem Wasser

PRO ESSER:
4–8 runde Reisblätter
(je nachdem, ob es eine Vor-
oder Hauptspeise sein soll)

ZUM FÜLLEN
PRO 4–6 ESSER:
1 Schale eingeweichte Glasnudeln
ganz viele asiatische Kräuter, am besten
Koriander
und Thai-Basilikum
reichlich schmale Avocadospalten
feine Möhrenstreifen
(je dünner, desto besser)
1 Schälchen mit geschnittenen Chilis
1 Schälchen mit geröstetem Sesamöl
1–3 Saucen
(Soja-Chili-Dip, Erdnusssauce,
Mango-Dip; Rezepte Seite 32)
1 große Schale mit eingelegtem
und gebratenem Tofu

VORBEREITUNG TOFU

REICHT FÜR 4–6 PORTIONEN

1 Stängel Zitronengras

1 Chilischote

1 Knoblauchzehe

1 walnussgroßes Stück Ingwer

3 EL Sesamöl

3 EL Olivenöl

4–5 EL Sojasauce

300 g japanische Tofu-Bratfilets oder
geräucherter Tofu, in Streifen geschnitten

Möglichst am Vortag den Tofu einlegen, damit
er schön durchziehen kann. Für die Marinade
Zitronengras und Chilischote sehr fein schneiden,
Knoblauch und Ingwer schälen und reiben.

Alle Zutaten, bis auf den Tofu, miteinander verrühren. Den Tofu flach in ein Behältnis schichten
und mit der Marinade übergießen. Darauf achten,
dass er von allen Seiten benetzt wird und gut
durchziehen kann.

Am nächsten Tag den Tofu mit der Marinade
portionsweise scharf anbraten. Möglichst kurz
bevor gegessen wird. Zum Anbraten braucht
es kein weiteres Öl.

JETZT KANN ES LOSGEHEN

Ein Reisblatt für einige Sekunden ins Wasser tauchen und direkt auf den Teller legen. Auch wenn es
nach dem Eintauchen noch hart ist … es wird weich,
sobald es liegt. Die gewünschten Zutaten auf die
Mitte geben, die Seiten des Reispapiers einschlagen,
dann fest zusammenrollen.

VEGGIE NOODLE STIR FRY

Wenige Zutaten, viel Knoblauch, glückliche Gesichter.
Mehr müssen wir dazu nicht sagen.

STIR FRY SAUCE
1 Knoblauchzehe

1 TL Maisstärke

60 ml Sojasauce

1 EL Sesamöl

1 EL Chiliöl (wer es sehr scharf mag,
nimmt zusätzlich ein paar Chiliflocken)

1 EL brauner Zucker

STIR FRY
200 g Udon Nudeln (oder andere)

1 große oder 2 mittlere Karotten

2–3 Pak Choi

120 g Chinakohl oder junger Wirsing

2 Knoblauchzehen

2 EL Bratöl

etwas Koriandergrün (optional)

Für die Sauce den Knoblauch schälen und reiben. In einer Schale die Maisstärke in ca. 3 EL Wasser anrühren, bis sie sich aufgelöst hat. Die restlichen Zutaten einrühren.

Die Udon Nudeln nach Packungsanleitung garen. Karotte schälen und hobeln, Pak Choi etwas zerkleinern, Kohl oder Wirsing in feine Streifen schneiden. Knoblauch schälen.

In einer hochwandigen Pfanne oder dem Wok das Öl erhitzen und den Knoblauch direkt hineinreiben. Das Gemüse hineingeben und 2–3 Minuten anbraten, dann die Nudeln einrühren und alles zusammen weitere 2 Minuten braten. Nun zügig die Sauce unterrühren, bis sie sämig wird. Sofort vom Herd nehmen. Es ist wichtig, dass das Gemüse noch Biss hat. Nach Belieben mit Koriander bestreuen.

KIMCHI

In Korea gehört Kimchi praktisch zu jeder Mahlzeit. Auch wenn wir den fermentierten Chinakohl nicht unbedingt zum Frühstück brauchen, haben wir inzwischen gerne ein Glas davon im Kühlschrank. Die Koreaner haben übrigens meistens einen zusätzlichen Kühlschrank, in dem nur das Kimchi lagert. Man könnte sagen, Kimchi ist das koreanische Sauerkraut, und die beiden sind sich tatsächlich sehr ähnlich – beide enthalten viele Milchsäurebakterien, Vitamine und Mineralstoffe und werden vor allem zur kalten Jahreszeit gerne gegessen.

Unser selbst gemachtes Kimchi kombinieren wir am liebsten mit schnell gebeiztem Gemüse (wobei uns die englische Bezeichnung des „quick pickling" besser gefällt) sowie einem Getreide, Avocado und Linsen für eine ausgewogene Mahlzeit. Aber zunächst zum Kimchi, die Zubereitung dauert ja schließlich eine ganze Weile.

1 Chinakohl

100 g jodfreies gutes Salz

1 großes verschraubbares Glasgefäß oder mehrere kleine

Den Chinakohl waschen und in breite Streifen schneiden. Das Salz leicht in den Kohl einkneten und den gesalzenen Kohl in eine Schale geben, in die er gerade so reinpasst. Mit Wasser auffüllen und so verschließen, dass der ganze Kohl unter Wasser ist.
Über Nacht einweichen lassen.

CHILIPASTE

15 g Knoblauch, geschält

30 g Ingwer, geschält

50 g Kochugaru (Chilliflocken speziell für Kimchi, gibt's im Asialaden)

120 g Lauch

100 g Rettich

1 TL Zucker

1 gehäufter TL Salz

In der Zwischenzeit die Chilipaste herstellen. Das geht auf zweierlei Weise. Entweder kommen alle Zutaten in die Küchenmaschine und werden zu einer feinen Paste verarbeitet oder alle Zutaten werden kleinst geschnitten und miteinander verrührt. Es ist im Grunde genommen eine Zeitfrage. Entscheidet selbst.

Am nächsten Tag das Wasser vom Kohl abgießen und den Chinakohl unter laufendem Wasser ausspülen. Anschließend so mit der Chillipaste verkneten, dass der Kohl komplett davon benetzt ist. Das Ganze sollte sehr salzig schmecken, denn während des Fermentierungsprozesses geht viel Salz verloren. Alles in ein großes oder mehrere kleine Schraubgläser füllen, diese gut verschließen und 1 Tag bei Raumtemperatur stehen lassen. Danach kommt das Glas bzw. die Gläser in den Kühlschrank, wo der Kohl 10 Tage lang fermentiert, OHNE geöffnet zu werden. Ab Tag 10 ist das Kimchi einsatzbereit und dann schmeckt es uns auch am besten.
Es hält sich im Kühlschrank einige Wochen.

EINGELEGTES GEMÜSE

Nun zum schnell gebeizten Gemüse. Es ist ganz einfach: Gemüse wird mit Säure und Krafteinwirkung so bearbeitet, dass es so schmeckt, als wäre es über lange Zeit eingelegt worden. Hat man einmal damit angefangen, möchte man nicht mehr aufhören. Unsere Favoriten sind der Rotkohl und die Ingwer-Karotten.

Alles, was man dazu braucht ist ein Hobel, um das Gemüse ganz fein schneiden zu können, ein robustes Gefäß und einen Holzstößel. Das Gemüse am besten sofort aufbrauchen, ansonsten hält es sich luftdicht verschlossen 3–4 Tage im Kühlschrank.

ROTKOHL

200 g Rotkohl

1 kleine Rote Bete, geschält

3 EL Ume Su (Würzsauce, Asialaden)

2 EL Zitronensaft

1 EL Reisessig

1 EL Kokosblütenzucker

¼ TL Salz

Den Rotkohl relativ fein hobeln, die Bete grob reiben. Die restlichen Zutaten miteinander verrühren und alles zusammen mit einem Stößel in einem robusten Gefäß gute 5 Minuten stampfen.

KAROTTE

200 g Karotten, geschält

2 daumengroße Stücke Ingwer, geschält

2 EL Zitronensaft

1 EL Agavensirup

1 guter EL Reisessig

1½ EL helle Sojasauce

2 TL geröstetes Sesamöl

Karotten und Ingwer fein hobeln. Die restlichen Zutaten verrühren und alles zusammen 5 Minuten mit dem Stößel in das Gemüse einarbeiten.

RETTICH

200 g Rettich, geschält

2 EL Zitronensaft

1 EL Chilliöl

1 EL Agavensirup

1 EL helle Sojasauce

1 TL Gomasio

Rettich fein hobeln. Restliche Zutaten verrühren und 5 Minuten stampfen.

SERVIEREN

Gekochte Beluga- oder Berglinsen, gegarte Quinoa und gekochten Reis sowie Avocado, Kimchi und die „Pickles" in einer Schale anrichten und mit Radieschen, gerösteten Sesamsamen, Limette und Nori garnieren. Das eingelegte Gemüse hat an sich schon viel Saft, daher braucht es kein zusätzliches Dressing. Unsere Erdnusssauce (Seite 32) würde zwar dazu gut passen, aber wir bevorzugen die nackte Variante, bei der man wirklich jede Zutat rausschmecken kann.

MISOSUPPE
MIT NUDELN UND GEMÜSE

Eine Misosuppe, die richtig satt macht, trotzdem leicht ist und auch im Sommer schmeckt. Wir hatten frische grüne Nudeln vom Markt in Wan Chai/Hongkong mitgebracht. Im Grunde ist es aber völlig egal, welche Sorte man verwendet. Soba und Udon sind unsere Favoriten. In diesem Rezept haben wir unseren klassischen Fond (Seite 27) verwendet, da er den Geschmack vom Miso so gut rausbringt. Wer es noch asiatischer mag, kann natürlich auch den asiatischen Fond (Seite 27) verwenden.

FÜR 4 SCHALEN

200 g asiatische Nudeln

3 Handvoll Gemüse, nach Geschmack und Saison

Salz

300 g Shiitakepilze (oder andere asiatische Pilze)

½ EL Öl

1 l Gemüsefond, klassisch

2 EL Miso, evtl. mehr

4 EL Frühlingszwiebeln, in feinen Scheiben

Chili (nach Geschmack)

Die Nudeln nach Packungsanleitung zubereiten. Das Gemüse waschen, putzen und in mundgerechte Stücke schneiden. Anschließend in Salzwasser 2–3 Minuten kochen, abgießen und abschrecken.

Die Pilze halbieren und im Öl 2 Minuten anbraten. Fond mit Miso erhitzen, Nudeln und Gemüse hinzufügen und alles zusammen erhitzen. Auf die Suppenschalen verteilen und mit Pilzen, Frühlingszwiebeln und (optional) Chili toppen.

KUMQUAT CRUSH

Viele wissen mit Kumquats wahrscheinlich nicht viel anzufangen. Die kleinen Früchte sehen aus wie winzige Orangen und schmecken süß-säuerlich. Die Schale hat einen tollen herben Geschmack, der sich in diesem Drink besonders gut macht.

Kennengelernt haben wir ihn als Bombay Crushed, benannt nach dem Bombay Saphire Gin, mit dem dieser Drink kreiert wurde. In Zeiten, in denen es um den Verkauf von Gin nicht so gut bestellt war wir heute. Wir bevorzugen andere Gins, z. B. den Monkey 47 aus dem Schwarzwald oder einen Hendrick's, deshalb taufen wir den Drink mal lieber um. Schmecken tut er mindestens genauso gut, am besten natürlich, um damit im Sommer das Wochenende einzuläuten. Michael hat aber auch bei Minusgraden für dieses Foto nicht nein gesagt ...

PRO GLAS

5 cl Gin

Saft von 1 Limette

1 EL sehr feiner weißer Zucker

6 Kumquats

3–4 Eiswürfel

Gin, Limettensaft und Zucker in einem Shaker oder einer kleinen Glasflasche gut schütteln. Kumquats halbieren und im Glas zerdrücken. Eiswürfel reingeben und mit dem Gin auffüllen. Mit einem langen Löffel die Kumquats untermischen.

MANGO STICKY RICE

Mango Sticky Rice hat bei uns etwa die gleiche Wirkung wie Pancakes und frisch gepresster Orangensaft. Obwohl er ein Dessert ist, steht er bei uns gerne mal auf dem Frühstückstisch. Das liegt daran, dass es für meine Kinder immer das Größte war, wenn ich von meinen Flügen aus Asien frische Mangos mitbrachte. Diese Flüge landen morgens immer sehr früh, sodass ich zum Frühstück mit den Mangos zu Hause war. Und so kam es, dass ich irgendwann in übernächtigtem Übermut den ersten Mango Sticky Rice kochte. Und wenn man einmal mit dem Verwöhnen angefangen hat ... – Kerstin

4 PORTIONEN

3–4 EL und 1 gehäufter EL Zucker

1 Tasse Klebreis (270–300 ml)

400 ml beste Kokosmilch

2 große Mangos

1 Messerspitze Xanthan Gum (optional)

2–3 EL Zucker in einem Topf in 2–3 Tassen Wasser auflösen. Den Klebreis über Nacht in dem Zuckerwasser einweichen. Am nächsten Tag abgießen und gut ausspülen. Wieder in den Topf geben und mit 1½ Tassen Wasser und 1 EL Zucker unter Rühren zum Kochen bringen. Nun auf die niedrigste Temperatur schalten, den Topf mit dem Deckel verschließen und den Reis quellen lassen.

Währenddessen die Kokosmilch mit dem gehäuften EL Zucker aufkochen. Die Mangos schälen und schneiden. Xanthan Gum in 1 EL Wasser auflösen und zügig in die Kokosmilch einrühren, da Xanthan Gum schnell bindet. Die Milch muss jedoch nicht unbedingt gebunden werden. Mango, Reis und Sauce zusammen anrichten.

TOSKANA

VOR 24 Jahren fiel mir aus einem Essen-&-Trinken-Heft eine Beilage entgegen. Üblicherweise landen die ungelesen im Altpapier, aber diese war so liebevoll gestaltet, dass sie mir ins Auge fiel. Handgeschrieben und auf schönem Papier gedruckt, das musste ich mir mal durchlesen. Es ging um Wein, Olivenöl und toskanische Kekse. Hörte sich gut an und war auch für eine junge Familie erschwinglich. Wir bestellten noch am selben Tag.

Als einige Tage später die Lieferung folgte, traute ich meinen Augen kaum. Unser Paket kam tatsächlich mit dem alten italienischen Lieferwagen, der auf dem Prospekt abgebildet war. Plötzlich hörte ich mich den Fahrer fragen, ob man in der Fattoria auch Urlaub machen könne. Man konnte.

Am nächsten Tag sprach ich mit Christina in Castiglioni Fibocchi und wenige Monate später verbrachten wir den ersten Urlaub dort. Es war wie im Paradies: die Begrüßung, das toskanische Landhaus, der kleine Hofladen, in dem die frisch geernteten Tomaten von der Decke hingen. Und Larissa und Paulina waren glücklich. Sie holten jeden Morgen die Eier aus dem Hühnerstall, wälzten sich mit den Hunden im Dreck und durften in der Backstube helfen (und naschen).

Spätestens, als wir das erste Mal in Arezzo waren, wussten wir, dass wir wiederkommen würden. Und so verbrachten wir in den folgenden Jahren jedes Jahr einige Wochen auf La Vialla. Mal mit Freunden, mal mit meiner Schwester und ihren Kindern. Wir gewöhnten uns an den langsamen Rhythmus und die sonnengereiften Zutaten, die die italienische Küche erst so besonders machen. Diese Liebe zu den einheimischen Produkten ist uns allen geblieben, ganz egal, wo wir gerade sind und kochen.

Wenn wir in der Toskana sind, kochen wir mit dem, was dort wächst, und das ist ganz schön viel. Es gibt büscheweise Brombeeren, süße Pfirsiche aus den Obstgärten und einen Gemüsegarten, von dem wir zu Hause nur träumen können. Eier, Pecorino, Olivenöl und Mehl holen wir morgens aus dem Hofladen und nehmen uns noch ein paar frische Cantucci für den Weg mit. Vor unserer Tür wachsen Rosmarin, Thymian und Oregano, und während wir kochen, pflücken die Jungs ein paar Stiele für das Essen. Mehr braucht es nicht. Alles ist so frisch und geschmacksintensiv wie es eben nur die Sonne möglich macht.

Doch auch vom Essen und den Weinproben abgesehen, ist die Toskana mehr als eine Reise wert. Wir können uns nicht sattsehen an der verwaschenen Farbpalette der Landschaft. Das sanfte Grün der Olivenhaine, der blassblaue Himmel, die Goldtöne, in denen die von Zypressen gesäumten Felder in der Sonne schimmern. Und dann diese Dörfer! Wie gerne würden wir jetzt wieder in Lucignano in unserer Lieblingspizzeria sitzen …

WASSERMELONEN-FROZÉ

Für einen lauen Sommerabend, wenn es mal etwas anderes, als ein Glas
Wein sein soll. Und es schmeckt auch wirklich nur im Sommer, da die
Pfirsiche reif und süß sein müssen. Oder man war so vorausschauend,
vor Saisonende noch ein paar reife Früchte eingefroren zu haben.
Wir werden nächsten Sommer versuchen, daran zu denken, damit wir
auch im Winter ein Schlückchen Toskana haben.

**300 g Fruchtfleisch von
1 süßen Wassermelone**

3 süße, reife Pfirsiche, entsteint

**200 ml fruchtiger Weißwein
(oder weißer Traubensaft für die
alkoholfreie Variante)**

Minze zum Garnieren

Wassermelonen- und Pfirsichfruchtfleisch in grobe Würfel schneiden und für einige Stunden ins Gefrierfach geben. Falls dafür keine
Zeit ist, kann man den Drink auf Eiswürfeln servieren.

Gefrorenes Obst und Wein oder Saft im Standmixer mixen. Mit
Minze anrichten und sofort trinken.

BRUSCHETTA

Unsere Bruschetta mögen wir am liebsten ganz klassisch,
genauso wie es die Italiener lieben.
Das Rad muss nicht immer neu erfunden werden.

Basta.

**12–18 Scheiben Brot
(nach Geschmack)**

1 Knoblauchzehe

ca. 4 EL bestes Olivenöl

Die Brotscheiben entweder im Toaster oder in der Pfanne ohne
Fett auf beiden Seiten rösten. Falls das Brot nicht ganz frisch ist,
vorher mit ein wenig Wasser beträufeln. Die Knoblauchzehe in der
Mitte durchschneiden und jede Scheibe Brot mit einer Schnittfläche einreiben.

Die Scheiben mit Olivenöl beträufeln und mit Tapenade, Artischockencreme und Tomaten belegen bzw. bestreichen. Nach Geschmack
mit Toppings, wie gegrillter Artischocke, Oliven etc. garnieren.
(Rezepte siehe nächste Seite).

TAPENADE

Die Angaben reichen für eine Vorspeise für 4–6 Portionen. Tapenade und Artischockencreme eignen sich auch gut als Dip zu Gemüse.

Kapern und Oliven können manchmal sehr salzig sein. Deshalb die Tapenade erst ganz zum Schluss salzen und abschmecken. Möglicherweise ist gar kein oder nur wenig Salz nötig.

100 g entsteinte grüne Oliven, können auch gewürzt sein

50 g Kapern

2 EL Pinienkerne

Blätter von 5–6 Stängeln Basilikum

100 ml Olivenöl

frisch gemahlener Pfeffer

Salz (nach Bedarf)

Alle Zutaten, außer Salz, in einen Rührbecher geben. Mit dem Stabmixer zu einer Creme gewünschter Konsistenz verarbeiten. Mit Salz abschmecken.

ARTISCHOCKENCREME

1 Glas Artischocken in Olivenöl

½ –1 Knoblauchzehe

Salz

1 große Prise Chiliflocken

Einfacher geht's nicht: Alle Zutaten, inklusive Artischockenöl, in einen Rührbecher geben und fein pürieren. Pronto!

TOMATE

Für Bruschetta bieten sich Eiertomaten an, da sie ein festes Fruchtfleisch, also wenig Wasser, haben.

4 große Eiertomaten, am besten Marzano

1 kleine rote oder weiße Zwiebel, geschält

½ EL Mosto Cotto (eingedickter Traubenmost)

Salz

frisch gemahlener Pfeffer

einige Basilikumblätter, gehackt (optional)

Die Tomaten und die geschälte Zwiebel fein würfeln. Beides mit Mosto Cotto, Salz und Pfeffer abschmecken. Bei sehr aromatischen Tomaten braucht es nicht mehr. Bei weniger aromatischen Früchten, hilft ein wenig Basilikum für mehr Geschmack.

RICOTTA-PFIRSICH

2 Pfirsiche

200–250 g Ricotta

6 TL Honig

frischer Thymian

Die Pfirsiche in nicht zu dünne Spalten schneiden, da sie sonst beim Grillen zerfallen. In einer Grillpfanne die Spalten auf beiden Seiten ca. 2 Minuten ohne Fett grillen, bis sie leicht karamellisieren.

Die gerösteten Brotscheiben großzügig mit Ricotta bestreichen, mit den Pfirsichen belegen, mit Honig beträufeln und mit etwas Thymian toppen.

PASTA AGLIONE

Die einzige Tomatenpasta, die wir brauchen. Wenn die Aglione bereits im Kühlschrank wartet, eine ganz schnelle Nummer. Einfach, lecker und ein kleiner Italienurlaub für die Geschmacksnerven.

4 Marzano- oder 300 g Datteltomaten
500 g Spaghetti
Salz
1–2 EL Bratolivenöl
1 weiße Zwiebel
450 ml Aglione
(Rezept Seite 37)
1 kleines Bund Basilikum
150 g Pecorino, frisch gerieben

Backofen auf 200 °C vorheizen. Ein Backblech mit Öl benetzen. Tomaten waschen, die Strünke entfernen und die Tomaten in Spalten schneiden oder halbieren (je nach Sorte). Pasta nach Packungsangabe in Salzwasser kochen.

Währenddessen das Öl in einem Topf erhitzen und die Zwiebel darin scharf anbraten. Vom Herd nehmen. Die Tomaten auf das geölte Backblech geben und im Ofen 15–20 Minuten backen. Dort entfalten sie ihr ganzes Aroma.

Die Aglione und die abgezupften Basilikumblätter unter die Zwiebel rühren und kurz erhitzen. Mit Salz abschmecken und mit dem Pecorino und den ofengebackenen Tomaten unter die Spaghetti heben.

TAGLIATELLE ALLA PUTTANESCA

Wir haben zwar gesagt, wir brauchen nur die eine Tomatenpasta, aber ein bisschen Abwechslung schadet ja nie. Außerdem ist es dieselbe Basis, hier kommen eigentlich nur noch Oliven und viel Petersilie dazu. Und selbst gemachte Tagliatelle, die zwar kein Muss sind, aber definitiv Pluspunkte geben.

500 g Nudelteig (Rezept Seite 171)
Salz
500 g Aglione
(Rezept Seite 37)
60 g grüne Oliven, entsteint
60 g schwarze Oliven, entsteint
50 g Kapern
1 große Handvoll Petersilie, klein
gehackt

Den Nudelteig zubereiten und mit der Nudelmaschine oder einem Handschneidegerät in ca. 0,5 cm breite Streifen schneiden. Salzwasser zum Kochen bringen. Parallel dazu die Tomatensauce erhitzen.

Oliven in Scheiben schneiden und mit den restlichen Zutaten einrühren. Nicht zum Kochen bringen. Nun die Pasta ins Salzwasser geben und 2–3 Minuten kochen. Abgießen und sofort unter die Sauce heben. Besonders lecker ist die Sauce, wenn man eingelegte Oliven verwendet.

CAPRESE
MIT GEGRILLTEN TOMATEN

Italien hat schon einige Traumpaare hervorgebracht. Romeo und Julia, Viallini und Vin Santo, Tomaten und Mozzarella ... eine Caprese darf deshalb in diesem Kapitel nicht fehlen. Die Tomaten grillen wir im Ofen, dadurch werden sie fast süßlich und ergänzen den leicht säuerlichen Geschmack des frischen Büffelmozzarellas perfekt.

100–120 ml bestes Olivenöl

10 Stängel Fenchelkraut
mit Blütendolden

4 Kugeln Büffelmozzarella

12 mittelgroße bunte Tomaten

Salz

frisch gemahlener Pfeffer

4 gehäufte TL Basilikumpesto
(Rezept Seite 18)

Am Vortag das Olivenöl mit einigen Stängeln Fenchelkraut in eine kleine Flasche füllen und verschließen. Das Kraut vorher am besten etwas anquetschen, damit das Öl das Aroma besser annehmen kann. Übriges Fenchelkraut mit Blütendolden für die Garnitur beiseitelegen.

Am nächsten Tag, also dem Tag der Zubereitung, den Mozzarella abtropfen lassen und in dicke Scheiben schneiden. Auf vier Teller verteilen.

Die Tomaten waschen, in große Spalten schneiden und diese etwa 3 Minuten grillen. Dafür gibt es verschiedene Möglichkeiten: Die Beste ist ein richtiger Grill. Ihn nur wegen eines Salates anzuschmeißen ist jedoch unrealistisch. Deshalb grillen wir die Tomaten im Ofen. Die meisten Öfen haben eine Grillfunktion. Sobald der Ofen auf 200 °C vorgeheizt ist, die Tomatenspalten auf einem mit Backpapier ausgelegten Backblech ausbreiten, ganz leicht salzen und auf der obersten Schiene 3–4 Minuten grillen.

Die gegrillten Tomatenspalten mit dem Mozzarella drapieren, mit dem aromatisierten Öl beträufeln, salzen und peffern. Mit den zarten Teilen des beiseitegelegten Fenchelkrauts und den Blüten sowie dem Pesto garnieren.

PIZZATEIG

Manche Dinge überlassen wir gerne den Spezialisten. Pizzateig zum Beispiel. Als wir letzten Sommer in der Fattoria waren, durften wir einmal morgens beim Backen dabei sein und haben uns von Dimitri und Francesco, den Bäckern, ein paar Tipps geben lassen. Der Teig sollte lange und gut geknetet werden – je länger desto besser – und anschließend mehrere Stunden gehen. Manche Pizzateige gehen sogar 24 Stunden. (So lange können wir dann aber doch nicht warten). In Italien wird der Pizzaboden typischerweise nur mit einem Löffel Tomatensauce und frischem Mozzarella belegt, mehr braucht es nicht. In der Fattoria verwenden sie Pecorino aus eigener Produktion. Dann wird die Pizza im Steinofen bei 350–400 °C für ein paar Minuten gebacken, pronto! Wir hatten das große Glück, gleich ein Stück direkt aus dem Ofen probieren zu dürfen – ein besseres Frühstück hätten wir uns an dem Tag nicht vorstellen können.

Zu Hause haben wir nicht den Anspruch, die allerbeste Pizza zu backen, das überlassen wir Dimitri und Francesco. Zu Hause soll es schnell gehen und Spaß machen, wenn jeder seine Lieblingspizza belegt und in den Ofen schiebt. Einen Steinofen haben wir leider noch nicht, aber unsere Pizza kann sich trotzdem sehen lassen.

500 g Mehl, mehr zum Arbeiten
1 TL Salz
20 g Hefe
50 ml Olivenöl

Mehl und Salz in einer Rührschüssel miteinander vermischen. Die Hefe in 275 ml lauwarmem Wasser auflösen und peu á peu unter das Mehl mischen. Olivenöl hinzufügen und den Teig auf einem leicht bemehlten Brett weiter und glatt kneten. Er sollte keinesfalls an den Fingern kleben bleiben. Lieber noch etwas Mehl zugeben.

Etwas Mehl in die Schüssel geben, den Teig hineinsetzen, mit einem Tuch bedecken und 10 Minuten an einen ruhigen warmen Platz stellen. Anschließend den Teig nochmals kneten, diesmal 10–15 Minuten. Nun in zwei bis vier Portionen teilen und jede Portion weitere 3–5 Minuten kneten. Zu Kugeln formen, auf ein bemehltes Backblech geben und nochmals 30–40 Minuten an einem warmen Platz ruhen und gehen lassen.

Den Ofen auf 250 °C (Ober- und Unterhitze) vorheizen. Die Teigkugeln dünn ausrollen, nach Belieben belegen und backen. Je nach Belag und Ofen, braucht die Pizza 8, höchstens 10 Minuten. Auf dem Pizzastein oder im Holzofen geht es schneller. Da ist die Pizza nach 5 Minuten fertig.

FOCCACIA

Nur nicht geizig sein: Auf die Foccacia gehören reichlich Olivenöl und Salz bevor sie in den Ofen kommt.

400 g Mehl

100 g Weichweizengrieß

1 TL Meersalz

20 g Hefe

½ TL Honig

75 ml Olivenöl, mehr zum Beträufeln

Leinsamen, Buchweizen, Chiasamen, Hanfsaat, Basilikumsamen etc. zum Bestreuen (optional)

Aus Mehl, Grieß, Salz, 20 g Hefe und 250 ml lauwarmem Wasser sowie Honig und 75 ml Olivenöl den Teig so herstellen, wie beim Pizzateig beschrieben (siehe Seite 156). Den Backofen auf 200 °C (Ober- und Unterhitze) vorheizen.

Nach dem finalen Ausrollen des Teiges, mit den Fingern Kuhlen in die Foccacia drücken. Den Teig auf ein bemehltes Backblech legen, großzügig mit Olivenöl beträufeln, falls gewünscht mit Samen bestreuen und in 20–25 Minuten goldbraun backen.

- Foccacia schmeckt auch mit Gemüse belegt fantastisch, beispielsweise mit Datteltomaten oder Pilzen.
- Und wenn es mal eine süße Foccacia sein soll: Mehr Honig, weniger Salz und etwas abgeriebene Zitronenschale in den Teig geben. Mit Obst und Nüssen belegen.
  Unsere Favoriten sind:
  Pflaume – Mandel – Zimt;
  Apfel – Pinienkerne – Thymian
  … der Fantasie sind keine Grenzen gesetzt.

Die Eltern von Gianni, Antonio und Bandino haben sich vor 40 Jahren in ein Stück Land verliebt und dort die Fattoria La Vialla zum Leben erweckt. Dort verbringen wir seit nunmehr 23 Jahren unsere Toskana-Urlaube. Wir haben den drei Brüdern ein paar Fragen gestellt …

Eure Mutter hat einige wunderschöne Kochbücher geschrieben. Habt ihr ein Lieblingsrezept von ihr?

Das ist eine unbeantwortbare Frage, es gibt Dutzende von Rezepten, nach denen wir verrückt sind. Da kommt uns so einiges in den Sinn: Spaghetti mit Pesto, Sardellen mit Pesto, Spaghetti Carbonara, Bistecca Fiorentina, panierter Mozzarella, Torta della nonna. Aber das ist nur eine zufällige Aufzählung, wir würden sicherlich jedes Mal etwas anderes antworten.

Habt ihr Jungs ihr manchmal in der Küche geholfen?

Selten, und wenn, dann haben wir nur ganz „niedrige" Hilfsarbeiten wie Kartoffeln schälen, Brot schneiden oder Salat waschen erledigt. Tatsächlich ist uns nicht ganz klar, wie wir es dann doch geschafft haben, zumindest ein bisschen kochen zu können. Wahrscheinlich haben wir von dem vielen Zuschauen doch etwas gelernt.

Ab wie viel Uhr ist es okay Wein zu trinken?

Am Sonntag schon zum Mittagessen, unter der Woche abends ab sieben.

Euer liebster Ort in der Toskana?

Das ist auch so eine Zwickmühle! Es gibt so viele Orte, die uns wahnsinnig gut gefallen, und die Liste würde auch hier jedes Mal anders aussehen. Die Städte Florenz, Siena und Arezzo sind wunderschön. Unter den kleineren Orten mögen wir Cortona, Montalcino, Pienza, Sant'Angelo in Colle, Saturnia, Anghiari, Colle Val D'Elsa und Castiglione della Pescaia, aber wir haben bestimmt welche vergessen. Auf jeden Fall sind wir uns sicher, dass man, auch wenn man es völlig dem Zufall überlässt, auf wunderschöne Orte stößt.

STEINPILZ-CARPACCIO

Ich erinnere mich noch genau wie wir vor etwa 15 Jahren das erste Mal von Arezzo auf der Landstraße nach Anghiari fuhren und alle paar hundert Meter Pilzsammler Körbe voll schönster Steinpilze am Straßenrand verkauften. Als Kinder waren wir oft in den Pilzen und ich weiß noch, was das für eine Sensation war, wenn wir Steinpilze fanden – und wenn es nur einer war. Dieses Angebot am Straßenrand war also das Paradies für mich. Wir gönnten uns ein Körbchen und noch am gleichen Abend gab es Steinpilz-Carpaccio, ein Luxus, der auch heute für uns selten ist. –Kerstin

Als wir im letzten Herbst zur Olivenernte in der Fattoria La Vialla waren, war die Saison gerade vorbei und entlang der Landstraße kein Pilzeverkäufer weit und breit. Glücklicherweise kannte Annette, eine Freundin von uns, die dort lebt, einen Pilzsammler und beschaffte uns so die wahrscheinlich letzten Steinpilze der Saison. Leider hatten wir kein scharfes Messer im Haus und so sah das Carpaccio eher rustikal aus. Trotzdem war es eines der besten Steinpilz-Carpaccios, vielleicht sogar gerade deswegen.

FÜR EINEN GROSSEN TELLER
ZUM GEMEINSAMEN ESSEN:

2–3 Steinpilze, fein gehobelt

2 EL bestes Olivenöl

einige Spritzer Zitronensaft

1 Handvoll gehobelter alter Pecorino

2 EL geröstete Pinienkerne

Blätter von 2–3 Stängeln Petersilie

Salz

frisch gemahlener Pfeffer

Die Steinpilze dachziegelartig auf einem großen Teller anrichten und mit den weiteren Zutaten beträufeln bzw. bestreuen.

Mit einem trocken fruchtigen Weißwein oder einem neuen Rotwein genießen!

MANFREDINE PORCINI

Wenn man schon das Glück hat, im Besitz der letzten Steinpilze der Saison
zu sein, sollte man das würdigen und zwar am besten, indem man die
folgende Pasta kocht. Ganz italienisch, mit nur wenigen guten Zutaten,
damit die Pilze richtig zur Geltung kommen und ihren Geschmack entfalten.
Mit einem Glas Wein das perfekte Mittagessen, bei dem man die letzten
Strahlen der toskanischen Herbstsonne aufsaugen kann.

Kleiner Tipp: Der Salbei ist innerhalb weniger Sekunden fertig frittiert
und sollte keinen Moment aus den Augen gelassen werden.

750 g Steinpilze
4–5 Zweige Salbei
8 EL Olivenöl (ca. 120 ml)
2–3 junge Schalotten
1 Knoblauchzehe
500 g Manfredine
Salz
frisch gemahlener Pfeffer
geriebener mittelalter Pecorino
(optional)

Die Steinpilze mit einer Bürste vorsichtig putzen und in Scheiben
oder Würfel schneiden. Würfel behalten etwas mehr Biss, Scheiben
geben etwas mehr Flüssigkeit an die Sauce ab.

Salbeiblätter von den Zweigen zupfen. Das Olivenöl in einer hochwandigen Pfanne mit großem Durchmesser auf höchster Stufe
erhitzen. Auf der Arbeitsfläche neben dem Herd Küchenpapier und
eine Schaumkelle bereitlegen. Wenn alles vorbereitet ist, die erste
Portion Salbeiblätter in das Öl geben. Kurz frittieren, sofort mit
dem Schaumlöffel abschöpfen und auf das Küchenpapier geben. So
weiterverfahren, bis alle Salbeiblätter frittiert sind.

Das Öl in der Pfanne belassen, die Hitze etwas herunterschalten.
Die Schalotten und den Knoblauch schälen, fein würfeln und etwa
2 Minuten anbraten. Währenddessen einen Topf mit Nudelwasser
aufsetzen und zum Kochen bringen. Die Nudeln nach Packungsangabe kochen. Parallel dazu die Steinpilze unter Schalotten und
Knoblauch rühren und scharf anbraten.

Vom Nudelwasser einen Becher abschöpfen, bevor es abgegos-
sen wird. Die Steinpilze darin 2 Minuten köcheln lassen, dann mit
Salz und Pfeffer abschmecken und die Pasta unterheben. Falls die
Steinpilze nicht genug Flüssigkeit abgegeben haben, noch etwas
Kochwasser und/oder Olivenöl unterrühren. Mit Salbei servieren.
Geriebenen Käse dazu reichen.

WACHOLDER-WALNUSS-SALSA

Tatsächlich hat es 23 Jahre Toskana-Urlaub gebraucht, bis wir bei der
Olivenernte letztes Jahr die roten Wacholderbeeren entdeckt haben.
Meiner Freundin Uschi und mir, die wir nicht ganz so fleißig Oliven ernteten
wie Chris und die anderen, fielen die Beeren bei einer kleinen Tour durch
den Wald auf. Dort begegneten wir einem Sammler, der den ganzen Arm
voller Zweige mit roten Wacholderbeeren hatte. Das war wohl sein Vorrat bis
zur nächsten Olivenernte. Er erklärte uns, dass es die Beeren nur in diesem
Teil der Toskana gibt, und uns war gleich klar, dass wir etwas Besonderes
daraus zaubern wollten. –Kerstin

1 Bund Petersilie

1 große Handvoll Walnusskerne

**7–8 rote Wacholderbeeren,
am besten frisch gepflückt**

abgeriebene Schale von ½ Bio-Zitrone

Saft von 1 Zitrone

Kerne von ½ Granatapfel

6 EL Olivenöl

**1 EL Granatapfelsirup oder
Mosto Cotto (eingedickter
Traubenmost)**

Salz

frisch gemahlener Pfeffer

Petersilienblätter von den Stängeln zupfen. Walnüsse ohne Fett
in einer Pfanne nicht zu dunkel rösten. Wacholderbeeren, Petersilie und Nüsse so fein wie möglich schneiden bzw. hacken und in
eine Schale geben. Zitronenschale und Zitronensaft hinzufügen.

Granatapfelkerne und alle übrigen Zutaten in die Schale geben.
Alles gut mischen und abschmecken. Fantastisch als Belag für
Bruschetta, als Beilage oder einfach pur.

GEFÜLLTE ZUCCHINIBLÜTEN

Es gibt ja so manches in der Küche, was an Meditation erinnert.
Granatapfelkerne pulen, Pomelos schälen und Orangen filetieren, Dukkah
rösten, Zucchiniblüten füllen und schnüren. Letzteres ist eine fragile Sache,
die ein wenig Fingerspitzengefühl und Geduld bedarf. Aber es lohnt sich,
und das nicht nur unter der toskanischen Nachmittagssonne.

Manchmal findet man auch Blüten, an denen schon kleine Zucchini hängen,
die eignen sich mindestens genauso gut.

ALS VORSPEISE FÜR 4

12 Zucchiniblüten,
gerne mit Baby-Zucchini

1 kleine Fenchelknolle

4 EL Bratolivenöl

2 EL Pinienkerne

1 TL Fenchelsamen,
am besten frisch

200 g Ricotta

1 kleine Handvoll Petersilienblätter

50 g sehr alter Pecorino oder
Parmesan, gerieben

1 EL Weichweizengrieß

Salz

frisch geriebene Muskatnuss

Die Zucchiniblüten vorbereiten. Um sie gut füllen zu können,
ist es besser, die Blütenstempel herauszuschneiden. Dazu eignet
sich eine kleine saubere Schere.

Den Fenchel der Länge nach halbieren, den Strunk entfernen
und sehr fein würfeln. In einer Pfanne 1½ EL Öl erhitzen und den
Fenchel darin scharf anbraten, bis er sich goldbraun färbt.

Die Pinienkerne ohne Fett rösten und grob hacken. Fenchelsamen
ohne Fett rösten und im Mörser grob mahlen. Ricotta ein wenig
abtropfen lassen, er soll einen Teil seiner Feuchtigkeit behalten.

Petersilie fein hacken. Alle Zutaten, bis auf die Blüten und das
restliche Bratöl miteinander vermischen. Mit Salz und ein wenig
Muskatnuss abschmecken. Das Ganze 5–10 Minuten ruhen lassen.
Nun mit einem kleinen Löffel vorsichtig die Blüten füllen, an deren
Spitzen verdrehen und mit Küchengarn zubinden.

Das restliche Öl in einer Grillpfanne erhitzen und die Blüten auf
beiden Seiten in etwa 2 Minuten ausbacken.

Dazu passt ein hausgemachtes Pesto (Rezepte Seite 18, 19), geeiste
oder warme Aglione (Rezept Seite 37) oder ein zartes Zucchini-
gemüse oder alles zusammen.

MELANZANE AUS DEM OFEN

Dafür, dass wir immer dachten, keinen besonderen Wert auf Auberginen legen zu müssen, haben wir in den letzten Monaten doch einiges mit Auberginen gekocht. Unser Favorit unter allen Auberginenrezepten ist sicher diese Parmigiana di Melanzane. Vor einigen Jahren haben wir dieses italienische Gericht überraschenderweise in einer Tapas Bar (In Vino, S. 43) in Litauen für uns entdeckt. Auf jeden Fall der beste Beweis dafür, dass alles eine zweite Chance verdient hat, vor allem die Aubergine. Das Geheimnis dieses Rezepts liegt darin, die Aubergine vor dem Backen auszupressen und scheibenweise anzubraten.

Auch wenn sich die Zubereitung etwas langwierig anhört, geht es im Grunde ganz schnell und kann auch gut vorbereitet werden, wenn beispielsweise Besuch kommt. Das ist wirklich das, was wir an Ofengerichten so schätzen – sie kochen sich fast von selbst, während wir bei den Gästen bleiben können. Dem Namen nach wird dieser Auflauf mit Parmesan zubereitet. Wir ersetzen ihn jedoch gerne mit dem Pecorino, den wir aus der Toskana mitbringen.

3 große Auberginen
grobes Salz
1 Teller voll Mehl zum Panieren
200 ml Bratolivenöl zum Ausbacken
5 Kugeln Mozzarella, abgetropft
1 Rezept Aglione (siehe Seite 37)
2 Handvoll Basilikumblätter
200 g alter Pecorino, gerieben

Extra:
Sieb mit großem flachen Boden

Auberginen waschen und abtrocknen. Ungeschält der Länge nach in 5–6 mm dünne Scheiben schneiden. Jede Scheibe mit grobem Salz einreiben und in ein großes Sieb schichten. Einen planen (flachen) Teller darauflegen und mit Steinen o. ä. beschweren. Sieb für etwa 1 Stunde in die Spüle hängen, damit Flüssigkeit aus den Auberginen abtropfen kann.

Backofen auf 200 °C (Umluft) vorheizen. Jede einzelne Auberginenscheibe unter fließendem Wasser gründlich abspülen und mit Küchenpapier gut trocken tupfen. Die Scheiben nacheinander im Mehl wälzen.

Das Öl in einer hochwandigen Pfanne erhitzen und Scheibe für Scheibe im Fett ausbraten, auf jeder Seite etwa 1½ Minuten. Wenn gewünscht, auf Küchenpapier abtropfen lassen. Wir müssen zugeben, dass wir die etwas kalorienhaltigere Variante bevorzugen.

Mozzarella in feine Scheiben schneiden und nun mit dem Einschichten in die Auflaufform beginnen: Angefangen wird unten mit einer dünnen Schicht Tomatensauce, darauf kommen die Auberginen, dann einige Basilikumblätter, dann Mozzarella. So geht es weiter, bis alles aufgebraucht ist. Den Abschluss bildet eine Schicht geriebener Pecorino. In den Ofen schieben und in 25–30 Minuten goldbraun und knusprig backen.

Wer es etwas fruchtiger und leichter mag, kann zusätzlich dünne Schichten Tomatenscheiben mit einbauen.

LASAGNE

Dass diese Lasagne so viel Platz bekommt in unserem Buch, hat verschiedene Gründe. Zum einen ist sie unser traditionelles Heiligabend-Essen. Sie ist toll vorzubereiten, alle lieben sie und es gibt die glücklichen Gesichter, die wir uns für die Feiertage so wünschen. Wenn es dann auch noch Tiramisu (Rezept Seite 230) als Nachtisch gibt, ist der Abend perfekt.

Was sie aber erst so richtig besonders für uns macht, ist, dass das Rezept ein Geschenk von Luigina, der Köchin von La Vialla ist. Luigina kennen wir nun seit 22 Jahren und als wir erfuhren, dass wir dieses Buch machen würden, war es unser größter Wunsch, gemeinsam mit ihr unser liebstes Familienessen zu kochen.

Und so kam es dann auch. An einem sehr heißen Tag im August wurde auf La Lignana gemeinsam geknetet, geschnippelt, gekocht, eingedeckt, gegessen und gelacht. Es war ein unglaublich schöner Tag, und wir sind immer noch dankbar für diese gemeinsame Zeit.

So wird die Gemüselasagne von Luigina immer einen Platz in unserem Herzen haben. Und in unseren Mägen.

Lasagne ist Slow Food vom Feinsten ist selbsterklärend. Wer den Teig nicht selbst machen möchte, kann stattdessen 500 g Lasagneblätter aus der Packung nehmen.

... UND NOCH EIN PAAR FRAGEN AN LUIGINA

Was kochst du am liebsten für die ganze Familie?
Lasagne

Was macht die italienische Küche so unwiderstehlich?
Frische Erzeugnisse von hoher Qualität, es wird (meistens) nur mit saisonalen Produkten gekocht

Was sind deine liebsten Zutaten?
Petersilie und Knoblauch

Was ist das Geheimnis für eine richtig gute Tomatensauce?
Frische reife Tomaten, nur kurz gekocht und eine Prise Zucker

LASAGNE ALLE VERDURE
GEMÜSE-LASAGNE

**FÜTTERT UNSERE FAMILIE
2 TAGE LANG ODER EINEN
ABEND WENN BESUCH KOMMT**

TEIG

500 g Mehl Type 550, 4 Eier

100 g Hartweizengrieß

1 EL Olivenöl Extravergine

Salz

(Wer keine Zeit hat, den Teig zuzuberei-
ten, kann alternativ 500 g fertige Lasagneblätter ohne Vorkochen nehmen.)

BÉCHAMELSAUCE

120 g Butter

120 g Mehl, 1,2 l Milch

Salz

1 gehäufter TL geriebene Muskatnuss

GEMÜSESAUCE

2 gelbe oder rote Paprikaschoten

2 große Zucchini

1 mittelgroße Aubergine

1 große Karotte, 2 Stangen Sellerie

1 Fenchelknolle

1 große Handvoll Brechbohnen

1 Zwiebel, 2 Knoblauchzehen

8 EL Olivenöl, Salz, 250 ml Weißwein

750 ml Sugo Aglione
(Rezept Seite 37)

frisch gemahlener Pfeffer

Für den Teig das Mehl auf die Arbeitsplatte häufen und eine Mulde in die Mitte drücken. Eier, Hartweizengrieß, Olivenöl und 1 Prise Salz hineingeben und alles nach und nach mit einer Gabel vermischen. Mit den Händen weiterkneten, bis ein glatter, kompakter Teig entstanden ist. 15 Minuten ruhen lassen, dann so dünn wie möglich ausrollen. Teig in Lasagne-Blätter schneiden, diese in Salzwasser 2–3 Minuten kochen. Abschrecken und vor dem weiteren Verarbeiten trocken tupfen.

Für die Béchamelsauce die Butter bei sehr schwacher Hitze in einem kleinen Topf (mit schwerem Boden) zerlassen. Sobald sie geschmolzen ist, das Mehl hinzufügen und 2–3 Minuten mit einem Holzkochlöffel untermischen, ohne es Farbe annehmen zu lassen. In der Zwischenzeit die Milch zum Kochen bringen und nach und nach in den kleinen Topf gießen; sorgfältig weiterrühren. Bei schwächster Hitze etwa 10 Minuten lang kochen lassen; dabei ständig umrühren, damit die Sauce nicht am Topfboden ansetzt. Topf vom Herd nehmen, Sauce mit Salz und Muskatnuss würzen und beiseitestellen. Die Oberfläche mit Frischhaltefolie bedecken, damit sich keine „Haut" darauf bildet.

Für die Gemüsesauce das Gemüse waschen und putzen. Zwiebel und Knoblauch schälen und fein hacken und in einer großen beschichteten Pfanne mit 5 EL Olivenöl andünsten. In der Zwischenzeit das Gemüse in Würfel schneiden, in die Pfanne geben und salzen. Alles 5 Minuten lang dünsten und dann mit dem Weißwein ablöschen; die Pfanne zudecken und das Gemüse weitere 5 Minuten köcheln lassen. Die Aglione sowie etwas Salz und ein wenig Pfeffer hinzufügen. 5 Minuten lang köcheln lassen, dann vom Herd nehmen.

Eine etwa 32 x 40 cm große ofenfeste Form mit 3 EL Olivenöl ausfetten. Einige Löffel Gemüsesauce und Béchamelsauce auf den Boden der Form geben. Nun eine erste Schicht Lasagneblätter darauf verteilen. Dabei die Nudelteigstücke so dicht nebeneinanderlegen, dass sie die gesamte Fläche bedecken. Reichlich Gemüse- und Béchamelsauce darauf verteilen, mit einer zweiten Schicht Lasagneblätter bedecken. So fortfahren, bis alle Zutaten aufgebraucht sind. Mit einer Schicht Gemüse- und Béchamelsauce abschließen.

FERTIGSTELLEN

250–300 g junger Pecorino, gerieben (alternativ: Mozzarella)

8–9 reife und feste Tomaten, in Scheiben geschnitten

1 Sträußchen Basilikum

Backofen auf 200 °C vorheizen. Die Lasagne mit Pecorino bestreuen und mit den Tomatenscheiben belegen. In den Ofen schieben und 35–40 Minuten backen. Die Lasagne ist fertig, wenn sich eine schöne, goldbraune Kruste an der Oberfläche gebildet hat. Aus dem Ofen nehmen und etwas abkühlen lassen. Mit Basilikum garnieren und servieren.

- Manchmal schließen wir mit der Tomatenschicht ab, manchmal mit dem Käse. Das hängt davon ab, ob man den Käse lieber geschmolzen oder als Kruste bevorzugt.

- Beim Einschichten der Lasagne streuen wir gerne zusätzlich noch 100 g geriebenen Pecorino auf eine der mittleren Schichten.

- Zur Lasagne trinken Gianni, Antonio und Bandino, die Besitzer der Fattoria, am liebsten den ungefilterten Torbolino.

WO ES UNS GEFÄLLT...

KLEINE ORTE, SCHÖNE MÄRKTE

Im Hochsommer kann es in der Toskana tagsüber locker 40 °C haben. Am besten ist es daher, sich dem italienischen Rhythmus anzupassen und in der Mittagshitze Siesta zu machen – die meisten Läden haben um diese Zeit auch geschlossen. Die Vor- und Nachmittage nutzen wir gerne für kleine Ausflüge in die unzähligen umliegenden Orte, von denen einer traumhafter ist als der andere und jeder seinen eigenen Reiz hat. Arezzo hat eine wunderschöne Altstadt, eindrucksvolle Kirchen und unseren Lieblings-Piadine-Laden. Wer sich für Stoffe interessiert, sollte unbedingt eine Führung bei Busatti in Anghiari einplanen, bevor der Rest der Stadt erkundet wird.
Einen kleinen, aber feinen Wochenmarkt gibt es in Loro Ciuffenna. Wir kommen immer mit kiloweise reifen Pfirsichen, Melonen und Birnen von dort nach Hause. Der Ort hat außerdem die älteste, noch funktionierende Wassermühle in der Toskana und eine eindrucksvolle Schlucht, die durch den Ortskern führt. Zum Pizzaessen fahren wir abends nach Lucignano. Hier sitzt man wunderschön unter den Arkaden an einem kleinen Platz. Auch schön sind Cortona und Pienza. Nachmittags empfehlen wir die Merende (toskanische Brotzeit) und eine Weinprobe bei der Fattoria La Vialla. Ein anschließender Einkauf in dem kleinen Hofladen ist Pflicht. Wir könnten hier Stunden verbringen und alles durchprobieren.

BUON APPETITO!

In der Toskana gibt es so viel leckeres Essen, dass man manchmal wirklich etwas vorausplanen muss. Man sollte zum Beispiel immer einen kleinen Hunger für ein Gelato aufsparen, man kann nie wissen, ob sich hinter der nächsten Ecke nicht die beste Gelateria der Stadt versteckt. Für den kleinen Hunger zwischendurch empfehlen wir eine frisch belegte Piadine – in unserem Lieblingsladen in Arezzo kann man sich die Zutaten dafür selbst auswählen.
La Tua Piadina, Via De' Cenci 18

Typisch toskanisch ist der Pecorino, ein Hartkäse ähnlich dem Parmesan, den man unbedingt probieren sollte. Junger Pecorino ist weich und hat einen nussig-cremigen Geschmack – je länger er reift, desto härter und kräftiger wird er. Wir lieben beides. Und unbedingt sollte man mindestens einen Besuch bei einem toskanischen Weingut einplanen. In der Region wird wahnsinnig guter Wein gemacht, und eine Mahlzeit ohne ein Glas Vino ist für uns im Toskana-Urlaub einfach nicht komplett.

UNBEDINGT MITBRINGEN

Olivenöl, Wein, Pecorino und Stoffe von Busatti. Das beste was die Toskana zu bieten hat.

GALETTES

Diese Galettes haben wir an einem viel zu warmen Nachmittag in der Toskana gebacken, als es sicherlich auch erfrischendere Beschäftigungen als Backen gegeben hätte. Tatsächlich war die Küche aber der kühlste Ort im Haus, und wir hatten körbeweise selbst gepflückte Brombeeren und reife Pfirsiche vom Wochenmarkt in Loro Ciufenna, die verarbeitet werden wollten. Da wir uns gar nicht entscheiden konnten, welche wir besser finden (Larissa mag die Pfirsich-Galette ein bisschen mehr, Kerstin die mit Brombeeren), haben wir beide gebacken. Im Grunde gibt es keinen Unterschied bei der Herstellung, außer dass die Brombeeren mit dem Zucker vermischt anstatt berieselt werden. Die Galette lebt von sonnenverwöhntem Obst, deshalb gibt es sie bei uns eigentlich nur im Sommer. Ansonsten kann sie auch mit unserer Brombeermarmelade gebacken werden.

TEIG
125 g Butter
180 g Mehl
60 g Zucker
1 Prise Salz
ein wenig Vanille
abgeriebene Schale von
½ –1 Bio-Zitrone
1 Eigelb

PFIRSICHBELAG
4–5 reife Pfirsiche oder Nektarinen
3 EL Zucker (nach Geschmack)
2 TL frischer Rosmarin, klein gehackt
etwas grobkörniger Zucker

BROMBEERBELAG
400 g frische Brombeeren
3 EL Zucker
etwas grobkörniger Zucker

Den Backofen auf 175 °C vorheizen. Ein Backblech mit Backpapier belegen. Für den Teig Butter, Mehl, Zucker und Gewürze miteinander verreiben, bis Krümel/Streusel entstehen. Dann 2 EL kaltes Wasser und das Eigelb dazugeben und alles zu einem homogenen Teig verkneten. Teig mindestens 1 Stunde kalt stellen.

In der Zwischenzeit die Pfirsiche waschen, abtupfen und in feine Spalten schneiden. Alternativ die Beeren verlesen und abbrausen. Nun den Teig dünn und kreisförmig ausrollen. Das Obst gleichmäßig darauf verteilen, dabei einen Rand von 4–5 cm freilassen. Für die Pfirsichgalette die gewünschte Menge an Zucker (ist auch abhängig von der Süße der Pfirsiche) mit dem Rosmarin vermischen und über das Obst streuen. Alternativ die Brombeeren mit Zucker vermischen (Menge ebenfalls ja nach Süße der Beeren). Auch hier macht sich etwas Rosmarin oder Thymian sehr gut.

Den Teigrand locker zur Mitte der Galette hin klappen und mit etwas grobkörnigem Zucker berieseln. Das muss nicht sein, gibt aber eine schöne Kruste. Auf das Backblech geben, in den Ofen schieben und 25–30 Minuten backen, bis der Teig goldbraun ist.

BROMBEER-GRAPPA-MARMELADE

In unseren Toskana-Urlauben ist es inzwischen zu einer richtigen
Tradition geworden, dass wir mindestens einmal eine große Menge an
Brombeermarmelade kochen. Morgens, wenn es noch nicht ganz so heiß ist,
geht Michael mit den Jungs in die Büsche und kommt mit kiloweise frischen
Brombeeren (und aufgekratzten Handgelenken von den Dornen) zurück.
Während die Beeren in der Mittagssonne ein bisschen nachreifen,
fahren wir nach Loro Ciufenna, essen ein Gelato und kaufen Weckgläser
und Einmachzucker in dem Tante-Emma-Laden am Platz.
Nachmittags wird dann so viel Marmelade gekocht, dass wir sie teilweise
sogar noch an Weihnachten verschenken können.

Selbst gepflückte Brombeeren sind ziemlich unberechenbar.
In der Toskana sind sie mal zuckersüß und mal sehr herb. In diesem Rezept
gehen wir von mittelsüßen Früchten aus und verwenden Gelierzucker 2:1.
Für herbe Beeren würden wir 1:1, bei extrem süßen 3:1 verwenden.
An der Herstellung ändert sich ansonsten nichts.

950 g Brombeeren

500 g Gelierzucker 2:1

1 kleiner Zweig Rosmarin

20–30 ml Grappa

In einem hochwandigen Topf (Marmelade spritzt beim Kochen sehr) Brombeeren
und Zucker vermischen. Die Brombeeren dabei leicht andrücken, damit etwas Saft
austritt und sich der Zucker etwas auflösen kann. 1 Stunde lang ruhen lassen, währenddessen ab und zu umrühren. Den Rosmarin unterrühren und die Beerenmi-
schung bei starker Hitze aufkochen lassen. Auf mittlere Hitze runterschalten und
nach Packungsangabe kochen lassen – je nach Hersteller liegt die Kochzeit meist
zwischen 3 und 5 Minuten. Die Gelierprobe machen. Dazu einen Löffel in das
Obst eintauchen, herausziehen und die daran hängende Marmelade einige Sekunden abkühlen lassen; sie sollte sofort gelieren.

Den Grappa einrühren, nur wenige Sekunden aufkochen lassen und die Marmelade
in saubere Gläser abfüllen. Sofort verschließen.

CASOTTINI

Das erste toskanische Gebäck, das wir vor 24 Jahren kennenlernten, waren die Viallinis, sozusagen der Hauskeks der Fattoria La Vialla. Larissa und Paulina haben als Kleinkinder in der Backstube beim Teigkneten geholfen und anschließend am Holzofen gewartet, bis die Kekse endlich fertig waren. Inzwischen sind die Kinder so alt, dass auch sie die Viallinis in ein schönes Glas Vin Santo getunkt genießen können – so schmecken sie am allerbesten. –Kerstin

Paulina und ich haben eigentlich nie gewartet, bis die Kekse fertig waren, wir haben davor immer den Teig genascht und waren schon satt, als die Kekse aus dem Ofen kamen, aber psst … –Larissa

Leider stehen wir nicht das ganze Jahr über in der Backstube der Fattoria und deshalb brauchten wir ein eigenes Rezept, das wir mit nach Deutschland nehmen konnten, falls uns die Sehnsucht packt. Die Idee dazu entstand, als wir auf einem Spaziergang durch die abgeernteten Weinberge mit unserer Freundin Uschi eine große Rebe getrockneter Weinbeeren fanden. Wenig später wurde in der Küche unseres Landhauses gebacken. Und da unser Haus den Namen Casotta trug, tauften wir unsere Kekse Casottini.

Wir hatten dort keine Waage und haben stattdessen eine Tasse (mit 200–220 ml Inhalt) zum Abmessen benutzt, seitdem ist es ein Tassenrezept geblieben.

½ Tasse Weinbeeren

½ Tasse Vin Santo
(eher eine gute ½ Tasse)

1 gehäufter TL Fenchelsamen (am besten frisch) + ein wenig Zucker

3 Tassen Mehl

½ Tasse Kleie

1 Tasse Zucker

½ Tasse Olivenöl

½ Tasse Pinienkerne

½ Tasse Walnusskerne, grob gehackt

abgeriebene Schale von
1 großen Bio-Zitrone

1 gehäufter TL Backpulver

Zunächst den Backofen auf 175 °C (Ober- und Unterhitze) vorheizen. Ein Backblech mit Backpapier belegen. Die Weinbeeren in dem Vin Santo einweichen, den Fenchelsamen und etwas Zucker mithilfe einer Gabel zerdrücken.

Die vorbereiteten Zutaten und alle anderen in eine große Rührschüssel geben. Mit den Knethaken des Handrührgeräts oder den Händen zu einem festen Teig verkneten. Falls er zu trocken sein sollte, noch etwas Vin Santo dazugeben. Der Teig sollte zwar fest, aber nicht klebrig sein.

Zwischen den Händen Kugeln mit etwa 3 cm Durchmesser rollen. Mit etwas Abstand zueinander auf das Backblech setzen und 10–12 Minuten backen, bis sie goldbraun sind. Falls einige Bleche nacheinander gebacken werden, wird sich die Backzeit von Mal zu Mal leicht verkürzen. Nicht telefonieren, einfach aufpassen. Sofort alle aufessen!

WAS ist Heimat? Heimat hat für uns ganz viel mit Familie zu tun. Dort, wo wir gemeinsam viel Zeit verbringen, da fühlen wir uns verwurzelt. Das fängt mit München an. Die Isar und der Englische Garten vor der Haustüre. Berge und Seen höchstens eine Autostunde entfernt und nach Italien nur einmal über den Brenner. Wir verbringen viel Zeit in den Bergen, wo das Leben einfach und bodenständig ist und das Essen ebenso. Wie die Kartoffel, unsere Lieblingsknolle.

Heimat ist aber auch England, wo wir drei Jahre lang gelebt haben. Larissa und Paulina wurden dort eingeschult, Henri besuchte da den Kindergarten und Victor wurde dort geboren. Dieses Land ist uns ans Herz gewachsen. Die freundlichen, hilfsbereiten Menschen, die gewundenen kleinen Straßen mit überwucherten Mauern und wilden Hecken, Felder voller Schafe. Die Nordsee in Norfolk genauso wie der Strand in Cornwall, der National Trust mit all seinen wundervollen Parks und Herrenhäusern. Aber auch, und das hätten wir nie für möglich gehalten, das Essen. Nicht nur Jamie Oliver hat seinen Teil dazu beigetragen, dass in den Küchen Englands mal so richtig aufgeräumt und verändert wurde. Wir lebten dort als die Zeit der „mushy peas" gerade zuende ging – glücklicherweise. Doch es gibt auch viele englische Klassiker, die einfach köstlich schmecken. Wir lieben Scones und Crumble und ein ordentliches English Breakfast genauso wie ein ausgiebiges Picknick oder das Grillen mit Freunden. Leider haben wir in diesem Buch nicht den Platz, den England in unserem Leben einnimmt, aber viele der Nachspeisen in diesem Kapitel sind „quintessentially British" oder zumindest davon inspiriert.

Tirol hatte schon lange vor England seinen Platz in unseren Herzen eingenommen. Einmal im Monat ging es mit den Kindern nach Hollersbach auf den Bauernhof. Wandern, Ski- und Schlittenfahren, Langlaufen, Schneeschuhabenteuer, Ostereiersuche, es gibt kaum eine Jahreszeit, die wir dort nicht erlebt haben. Stunden im Stall, beim Melken zuschauen, die Tiere streicheln und im Heu verstecken; nur schöne Erinnerungen. Und dann ist da noch das Essen. Spinatknödel, Apfelstrudel, deftige Brotzeiten. Buttermilch frisch von der Alm und Käse von glücklichen Kühen. Sicher keine leichte Kost, aber definitiv nichts, worauf wir verzichten möchten.

Heimat ist also an einigen Orten zu finden und sie nimmt einen großen Platz in unserem (kulinarischen) Leben ein. Die Rezepte in diesem Kapitel sind entsprechend bodenständig und heimatverbunden. Es dreht sich viel um heimisches Wurzelgemüse, Grünkohl und Kartoffeln, aus denen wir am liebsten Salate, Suppen und Aufläufe machen. Gerichte, die satt machen und von innen wärmen – richtiges Comfort Food für die kältere Jahreszeit. Auch das gemeinsame Frühstück und der Kuchen am Sonntagnachmittag spielen für uns eine große Rolle, wenn wir zu Hause sind. In diesem Kapitel findet man also all unsere Rezepte für einen leckeren Start in den Tag und süße Köstlichkeiten aus dem Ofen.

CHIA-PUDDING

Zugegeben, der Chia-Pudding und wir, das war eher Liebe auf den zweiten Blick. Erst nachdem wir eine Zeit lang mit verschiedenen Milchsorten und Zutaten rumexperimentierten, haben wir uns nach und nach verliebt. Inzwischen ist er aus unserem Leben kaum mehr wegzudenken. Tatsächlich ist es aber auch eines der wenigen Rezepte, die wir nur ganz, ganz selten abändern. Die Kombi aus Mango und Kokosmilch ist einfach unwiderstehlich!

Wir machen den Chia-Pudding am Abend vorher und meistens direkt in den Weckgläsern, in denen er am nächsten Morgen serviert wird. Der Mangosaft macht den Pudding etwas leichter, kann aber auch durch die gleiche Menge an Kokosmilch ersetzt werden.

**DIE MENGE REICHT FÜR
1 GUTE FRÜHSTÜCKSPORTION ODER
2–3 DESSERTGLÄSCHEN**

2 EL Chiasamen

4 EL Mangosaft

6 EL Kokosmilch (auf keinen Fall fettreduziert, am besten Aroy-d)

4 EL Hafer- oder Reismilch

1 guter TL Agavensirup, Kokosblütenzucker oder anderes Süßungsmittel

Alle Zutaten in ein verschließbares Glas geben und zunächst gut verrühren. Dann zuschrauben und die ersten Minuten immer wieder aufschütteln, damit die quellenden Samen nicht verkleben. Über Nacht ziehen lassen.

Am nächsten Tag aufrühren und eventuell noch etwas Flüssigkeit hinzufügen. Mit frischem Obst, Nüssen, Fruchtpüree oder auch ganz pur genießen.

Für ein Fruchtpüree, beliebiges Obst mit dem Stabmixer pürieren. Bei Bedarf mit etwas Zucker, Honig oder Agavensirup süßen.

STEEL CUT OATS

Steel cut oats sind schon ein wenig aufwendiger, als ein gewöhnlicher Porridge. Sie werden richtig lange auf dem Herd gekocht und dabei kontinuierlich gerührt. Die harte Arbeit wird belohnt, denn am Ende sind sie unglaublich cremig und erinnern fast an eine Nachspeise. Steel cut oats gibt es bei uns oft an einem verregneten Wochenende, an dem die Zeit still steht und eine halbe Stunde am Herd nicht die schlechteste Beschäftigung ist.

150 g Steel cut oats
500 ml Milch oder Mandelmilch
1 gehäufter EL Butter
Toppings nach Geschmack

Am Vorabend die Steel cut oats in 400 ml Wasser aufkochen und 1 Minute kochen lassen. Vom Herd nehmen, mit der Milch verrühren, abdecken und über Nacht kühl stellen. Am nächsten Morgen wieder zum Kochen bringen, die Hitze etwas runterschalten und unter ständigem Rühren 15 Minuten kochen lassen. Butter einrühren, ready. Kann sowohl süß, als auch salzig genossen werden.

- Wenn man sich spontan für Steel cut oats entscheidet, dauert die Kochzeit ohne Einweichen mindestens 45 Minuten, was durchaus meditativ sein kann.
- Schmeckt fantastisch mit abgeriebener Zitronenschale, etwas Vanille und frischem Obst. Oder einfach mit Zimt und Zucker.

BIRCHER MÜSLI

Ein geliebter Klassiker, den wir ein bisschen nach unserem Geschmack abgewandelt haben und gerne auch mal mit einer geriebenen Karotte und etwas Zimt verfeinern. Das ist dann praktisch Karottenkuchen zum Frühstück. Wer kann da schon nein sagen? Hier haben wir aber erst mal unser Basic-Rezept aufgeschrieben.

45 g kernige Haferflocken
45 g zarte Haferflocken
1 Apfel, geraspelt
1 TL Honig
Schale von ½ Bio-Zitrone
250 ml Mandelmilch
1–2 EL geröstete gehackte Haselnusskerne
Obst und Joghurt (optional)

Alle Zutaten, bis auf die Nüsse, miteinander verrühren. Über Nacht ziehen lassen. Mit Nüssen und eventuell weiterem Obst und Joghurt anrichten.

SCOTTISH PANCAKES
CURLEW STYLE

Wie bekommt man Langschläfer aus dem Bett, wenn man morgens unbedingt in die Puschen kommen möchte? Richtig: mit einem Köder. Böse Zungen könnten das Erpressung nennen, aber es ist die Art von Erpressung, mit der alle gut leben können. Wenn nicht sogar besser. Als Topping brauchen wir nur eine Zutat: Ahornsirup. Da sind wir uns als Familie ausnahmsweise mal einig. Der Teig ist super schnell angerührt und der Pancake-Turm kann in die Höhe wachsen, während sich die Jungs aus dem Bett, in die Hausschuhe und an den Frühstückstisch quälen. Ein hartes Leben, das sich spätestens nach dem zweiten fluffigen, in Ahornsirup getränkten Pfannkuchen hoffentlich nicht mehr ganz so hart anfühlt.

ERGIBT ETWA 20 PANCAKES

2 Eier

300 g Mehl

2 großzügige Prisen Salz

2 EL Zucker

250 ml Milch

100 g Rahmjoghurt oder griechischer Joghurt

80 g Butter, geschmolzen

2 TL natürliches Vanillearoma

Öl zum Ausbacken

Alle Zutaten (bis auf das Öl) in eine Schüssel geben und schnell mit einer Gabel verrühren. Wenn noch kleine Klümpchen im Teig sind, ist das nicht schlimm. Ein paar Minuten ziehen lassen, Konsistenz überprüfen und 2–4 EL Wasser unterrühren. Der Teig sollte zähflüssig sein, damit er in der Pfanne zu einem Kreis verläuft, der aber eben nicht zuuuu groß wird.

Öl zum Ausbacken in einer beschichteten Pfanne erhitzen, mit einem Esslöffel jeweils 4 kleine Teighäufchen in die Pfanne setzen und diese auf jeder Seite 1 Minute ausbacken.

SCONES

Ein Leben ohne Scones mit Marmelade und Clotted Cream? Unvorstellbar!
Scones zu essen bedeutet für uns gleichzeitig in Erinnerungen schwelgen.
An herbstliche Spaziergänge im Charlecote Park mit anschließendem
Afternoon Tea in der Orangerie, an Frühstück im Garten des St. Michael's
Mount mit Aussicht aufs Meer und an kuschelige Wochenenden zu Hause.
Scones sind kinderleicht und super schnell gemacht … und ebenso schnell
aufgegessen. Lieber gleich ein paar mehr backen. Wir empfehlen dazu
unsere Erdbeer-Ingwer-Marmelade (Rezept siehe Seite 15) und einen
Earl-Grey-Tee mit einem Schuss Milch.

ERGIBT CA. 20 STÜCK

180 g Mehl

3 TL Backpulver

40 g Zucker

1 Prise Salz

75 g weiche Butter

125 ml Milch

Ofen auf 200 °C vorheizen. Ein Backblech mit Backpapier belegen.
Mehl und Backpulver in eine Schüssel sieben und gut mit Zucker und Salz
vermischen. Butter hinzufügen und alles zu einer krümeligen Masse verarbeiten.
Nun die Milch in den Teig arbeiten.

Den Teig 1 cm dick ausrollen und mit einem runden Ausstecher (z. B. einem Glas)
die Scones ausstechen. Auf das Backblech setzen und ca. 12 Minuten backen.
Mit Clotted Cream und unserer Erdbeer-Ingwer-Marmelade genießen.

Clotted Cream gibt's im Feinkost- oder Onlinehandel. Falls keine zu bekommen
ist, kann man von einer nicht homogenisierten Bio-Schlagsahne die obere Fett-
schicht abschöpfen und zu den Scones essen.

HERBSTLICHE KÜRBISSUPPE

Wir freuen uns jedes Jahr auf den Herbst, wenn die Blätter fallen, die Sonne alles orangerot färbt und es am Straßenrand wieder Kürbisse in allen Formen und Farben zu kaufen gibt. Dann machen Spaziergänge mit unserer Hündin Leni am meisten Spaß – sie freut sich über die Laub-haufen, die sie aufwirbeln kann und wir freuen uns auf die warme Kürbissuppe, die zu Hause auf uns wartet. Füttert eine ganze Rasselbande nach dem Herbst- oder Winterspaziergang.

1–1,2 kg Butternut Squash

2 große Schalotten

Speiseöl zum Anbraten

1 l Gemüsefond, 1 gehäufter TL Salz

1 gehäufter EL Café d'Arabe-Gewürz
(für einen winterlichen Geschmack)

400 ml Kokos- oder Mandelmilch

Saft von 1 kleinen Orange

1 sehr reifer kleiner Pfirsich, geschält
und gewürfelt
(oder 1–2 EL Ahornsirup)

Den Kürbis gut waschen, entkernen und in Würfel schneiden (schälen ist nicht nötig!). Die Schalotten schälen und klein würfeln. Das Öl in einem großen Suppentopf erhitzen und die Schalotten darin glasig braten. Den Kürbis hinzufügen. Alles mit dem Gemüse-fond ablöschen, alle restlichen Zutaten, bis auf Orangensaft und Pfirsichwürfel hinzufügen und unterrühren. 15–20 Minuten kochen lassen, bis das Fruchtfleisch schön cremig ist.

Nun Orangensaft und Pfirsich dazugeben. Die Suppe nicht mehr erhitzen, mit dem Stabmixer fein pürieren, mit Salz abschmecken und nach Belieben mit etwas Kokos- oder Mandelmilch und würzigem Granola servieren.

EINFACH GUTE KARTOFFEL-LAUCHSUPPE

Dieses Rezept erscheint nicht zum ersten Mal in einem Kochbuch. Es ist schon so lange eines meiner Lieblingsgerichte, dass es im Sammelkochbuch der Kingsley School, meiner Grundschule in England, als „Larissa's favourite potato and leek soup" erstmals seinen großen Auftritt hatte. Wie man sieht, hat sich seitdem nicht viel geändert. –Larissa

Diese Suppe ist so einfach und bodenständig, dass man eigentlich kein Rezept dafür bräuchte. Bei so wenigen Zutaten kommt es ganz besonders auf die Qualität an: Gute Kartoffeln, selbst gekochter Gemüsefond und frisch gerebelter Oregano. Dann kann nichts schiefgehen.

500 g Kartoffeln, vorwiegend festkochend

150 g Kartoffeln, mehligkochend

200 g zarter Lauch

1 l Gemüsefond

1 EL Oregano, frisch gerebelt oder 2 EL frische Blättchen

½ TL Salz, mehr zum Abschmecken

Alle Kartoffeln schälen, fein würfeln und in einem Sieb unter kaltem Wasser durchspülen. Lauch gut putzen und in Streifen schneiden. Gemüsefond in einem großen Topf aufkochen und bis auf den Lauch alle Zutaten hinzufügen.
Wieder zum Kochen bringen und ca. 10 Minuten köcheln lassen. Zum Schluss den Lauch unterrühren und nochmals 5 Minuten kochen. Mit Salz abschmecken.

UNTERWEGS-ZU-HAUSE-SALAT

Dieser Salat ist der perfekte Begleiter für unterwegs, obwohl er natürlich auch zu Hause schmeckt. Da man ihn mit dem Löffel essen kann und er schon angemacht ist, wird er nicht nur besser (weil er ruht und dabei durchzieht), sondern er lässt sich in Weckgläsern, Brot- oder Bentoboxen in jeder Lebenslage leicht essen. Manchmal teilt sich bei uns eine volle Schüssel in alle Himmelsrichtungen auf. Ein Glas mit Paulina als Bordverpflegung nach Tokio, eine Portion mit Larissa ins Büro, eine Bentobox mit Michael in die Berge und den Rest esse ich zu Hause nach meinem Spaziergang mit Leni. Noch dazu bietet der Salat alles, was man braucht, um lange satt zu bleiben und sich dabei nicht voll und schwer zu fühlen. Er mag fast jedes unserer Dressings, braucht jedoch zusätzlich etwas Salz oder Miso, da Quinoa und Bohnen viel davon aufnehmen.

FÜLLT MINDESTENS 4 GROSSE WECKGLÄSER

½ Tasse Azukibohnen (100–125 ml), über Nacht in Salzwasser eingeweicht

Salz

1 Tasse Perlgraupen (200–250 ml)

1 Tasse rotes Quinoa (200–250 ml)

2 mittelgroße Karotten

1 Brokkoli, nur die kleinen Röschen, den Rest für eine Suppe verwenden

1 Handvoll Rosenkohl

1 rote Paprikaschote

Blätter von 1 kleinen Bund Petersilie

50 g Babyspinat

Dressing nach Wahl: Orientalisches, Asiatisches oder Orangen-Ahornsirup-Dressing (Rezepte Seite 29)

Miso oder Salz zum Nachwürzen

Die eingeweichten Bohnen gut abspülen. In Salzwasser 30 Minuten kochen lassen; sie können ruhig noch etwas al dente sein.

Perlgraupen und Quinoa getrennt voneinander mit der 1,5-fachen Menge Salzwasser zum Kochen bringen. Die Deckel auf die Töpfe setzen und das Getreide quellen lassen. Gegarte Bohnen, Perlgraupen und Quinoa abgießen, kalt durchspülen und gut abtropfen lassen.

Karotten schälen und grob raspeln. Vom Brokkoli die kleinen dunkelgrünen Blüten abrasieren. Den Rosenkohl sehr fein hobeln und die Paprika waschen, trocken tupfen und möglichst klein würfeln. Die Petersilie mit dem Spinat zunächst schneiden, dann hacken.

Nun alle Zutaten zusammen in eine Schüssel geben und mit dem gewünschten Dressing gut durchmischen. Kühl gelagert etwas ziehen lassen und nochmals mit Miso oder Salz abschmecken.

PINKER SALAT

Ein Salat in so vielen, schönen Pinktönen kann nur gute Laune machen. Vor allem, wenn es draußen kalt und grau ist. Die Zutaten findet man nicht in jedem Supermarkt, auf dem Bauernmarkt wird man schon eher fündig, aber man braucht auch nicht alle Zutaten, damit er gelingt. Lange Zeit gab es bei uns nur eine Sorte Radicchio. Inzwischen kommen aus Italien immer mehr alte Sorten, die nicht nur wunderschön, sondern auch wahnsinnig lecker sind.

Die in Deutschland noch weniger bekannten Kalettes, auch Flower Sprouts, sind dagegen eine Neuzüchtung, die durch das Kreuzen von Grünkohl und Rosenkohl entstanden ist. Sie schmecken in Knoblauch und Öl gebraten fantastisch, am besten unter Pasta gemischt.

Die Ringelbete ist die schöne Schwester der Roten Bete, aber wesentlich zarter und feiner im Geschmack. Perfekt, um sie roh als Carpaccio oder im Salat zu essen.

ERGIBT 2 VOLLE MAHLZEITEN ODER 4 BEILAGEN

2 EL Walnusskerne, grob gehackt

2 EL Pinienkerne

2 EL Pistazienkerne

1 EL geschälte Sesamsamen

1–1½ EL feinster Zucker

1–2 Ringelbeten (Tonda di Chioggia)

2–3 kleine Köpfe Radicchio (möglichst verschiedene Sorten wie Rosalba, Galileo, Rosso di Chioggia, Granato oder Palla Rossa)

1 Handvoll Radichietto, das ist bunter Baby-Radicchio

1 Schuss Essig

2 Handvoll Kalettes (Flower Sprouts)

½ Apfel, am besten eine knackige Sorte (z. B. Pink Lady)

Orientalisches Dressing (Rezept Seite 29; Orangen-Ahornsirup passt aber auch sehr gut)

Nüsse, Kerne und Samen in einer ungefetteten Pfanne mit dem Zucker in einigen Sekunden unter Rühren karamellisieren. Zum Abkühlen auf ein Blech geben. Die Ringelbeten gut waschen (nicht schälen!) und fein hobeln.

Radicchio und Radichietto zerpflücken und für 20–30 Minuten in sehr warmem, aber nicht heißem Wasser mit dem Essig einweichen. So verliert er Einiges von seinen Bitterstoffen. Mit kaltem Wasser abschrecken, durchspülen und gut abtropfen lassen.

Während der Radicchio einweicht, die Flower Sprouts mit dem Dressing einmassieren. Wir machen das mit den Händen, das ist am effektivsten. So werden diese kleinen Sprösslinge schön zart.

Wenn alles vorbereitet ist, auch den Apfel fein hobeln und nun sämtliche Zutaten, bis auf ein paar Nüsse und Kerne, in einer großen Schüssel miteinander vermischen. Den Salat mit den übrigen Nüssen und Kernen bestreuen.

ZWEIERLEI GRÜNKOHLSALATE

Es gibt bei diesen beiden Varianten keine Mengenangaben, es geht mehr um die Inspiration, was sich alles in einem Salat kombinieren lässt, und um die Vorbereitung des Grünkohls.

In anderen Ländern bekommt man die zarten Babyblätter manchmal auf Wochenmärkten oder in gut sortierten Bio-Geschäften zu kaufen. Hier ist das leider die Ausnahme. Da der ausgewachsene Grünkohl recht störrisch ist, benötigt er etwas mehr Zuwendung in Form einer ausgiebigen Ölmassage – danach sind die Blätter ganz zart und tiefenentspannt.
Die gekräuselten Blätter vom Strunk abtrennen und in mundgerechte Stücke zupfen. Das Orangendressing oder das Orientalische Dressing (Seite 29) passen super dazu. Dieses 5–10 Minuten kräftig einmassieren und etwas durchziehen lassen, dann können die restlichen Zutaten untergemischt werden.

GRÜNKOHL MIT SÜSSKARTOFFELCHIPS

FÜR DEN SALAT

Grünkohl

Avocado

Radieschen

verschiedene Keimlinge
(z. B. Radieschen, Brokkoli,
Rettich oder Rucola)

Rosé-Trauben

Rotkohl

gehackte Mandeln

Hanfsamen

Cranberrys

SÜSSKARTOFFELCHIPS

1 Süßkartoffel

2–3 EL Sonnenblumenkernöl

etwas Salz

etwas Ras el Hanout oder andere
Gewürzmischung (optional)

Backofen auf 175 °C (Umluft) vorheizen.

Ein Backblech mit Backpapier belegen.

Die Süßkartoffel schälen und fein hobeln. Auf dem Backblech gleichmäßig verteilen und in 10–12 Minuten knusprig backen. Die Backzeit variiert von Ofen zu Ofen.

GRÜNKOHL-CITRUS

Grünkohl

Pink Grapefruitfilets

Orangenfilets

Granatapfelkerne

geröstete Maroni, Mandeln und Pinienkerne

GEMÜSEQUICHE

Unsere Lieblingsquiche kommt ganz ohne Eier und Sahne aus.
Der Trick: eine mehligkochende Kartoffel. Die Füllung ist richtig cremig
und saftig und im Handumdrehen gemacht. Der Blätterteig kommt aus dem
Kühlregal, ganz stressfrei. Diese Quiche war eines der ersten Rezepte auf
unserem Blog – sie kam so gut an, dass sie in diesem Buch nicht fehlen darf.

1 Rolle gekühlter Blätterteig

250 ml Mandel- oder Cashewmilch, ungesüßt

1 große mehligkochende Kartoffel

60 g geröstete Macadamianüsse

60 g Cashewnusskerne

1 kleines Bund Petersilie, mehr für den Belag

etwa 1 TL Salz

etwas frisch gemahlener Pfeffer

¼ – ½ TL frisch geriebene Muskatnuss

1 mittelgroße Zucchini

12–14 Babytomaten

Pinienkerne zum Bestreuen

Backofen auf 175 °C (Ober- und Unterhitze) vorheizen. Eine runde Quicheform
mit Backpapier und Blätterteig auslegen. Milch, rohe Kartoffel, Nüsse, das Bund
Petersilie (dicke Stiele entfernen) und die Gewürze in den Mixer geben. Alles zu
einer feinen dickflüssigen Masse verarbeiten. Nach Geschmack nachwürzen und
gleichmäßig auf dem Blätterteig verteilen.

Die Zucchini in Scheiben schneiden und die Tomaten halbieren. Auf die Kartoffelmasse legen. Petersilie in die Zwischenräume legen und die Quiche zunächst
25 Minuten backen. Ofen kurz öffnen und die Pinienkerne auf die Tarte streuen;
nochmals 5–7 Minuten backen.

- Die Kartoffel-Kräuter-Masse eignet sich auch wunderbar für einen Gemüse-
  auflauf. Uns schmeckt er besonders mit Blumenkohl, Lauch und/oder Brokkoli.

BETE-BARLOTTO

Dieses Risotto haben wir mit Perlgraupen gekocht statt mit Reis und es deshalb Barlotto getauft, vom Englischen „pearl barley". Wir mögen diese Version sehr gerne, weil die Graupen etwas mehr Biss behalten und nicht ganz mit der Flüssigkeit verschmelzen, wie es der Reis tut. Trotzdem gilt natürlich, wie immer beim Risottokochen: Ein Glas Wein ins Essen und ein Glas für den Koch!

2 Schalotten

2 Knoblauchzehen

2 EL Öl

250 g Perlgraupen

150 ml fruchtiger Weißwein

1,2 l Gemüsefond

1 große Rote Bete, geschält und fein gewürfelt

10 Zweige frischer Oregano (oder Majoran)

1 guter EL Mosto Cotto
(eingedickter Traubenmost),
etwas mehr zum Abschmecken

1 gehäufter EL helle Misopaste,
mehr zum Abschmecken

Pecorinospäne zum Bestreuen

frisch gemahlener Pfeffer

Schalotten und Knoblauch schälen und fein würfeln. Das Öl in einer großen hochwandigen Pfanne erhitzen und beides darin glasig (nicht braun!) dünsten. Die Perlgraupen hinzufügen und kurz mitdünsten. Alles mit dem Wein ablöschen, runter auf mittlere Hitze schalten und nach und nach, unter ständigem Rühren, den Gemüsefond zugeben. Etwa 25 Minuten unter Rühren weiterköcheln lassen, dann die Rote-Bete-Würfel in die Pfanne geben.

Die Oreganoblätter von den Zweigen zupfen und mit dem Mosto Cotto und der Misopaste in das Barlotto rühren. Eventuell noch etwas Wasser hinzufügen und das Barlotto nochmals 15–20 Minuten köcheln lassen. Nie das Rühren vergessen! Zu guter Letzt mit Traubenmost und Miso abschmecken. Mit Pecorinospänen und frisch gemahlenem Pfeffer bestreuen. Sofort essen.

OFENBETE

Eines unserer liebsten Gemüsegerichte. So einfach, so besonders, so lecker.
Die Rote Bete wird in Beutelchen aus Backpapier gebacken und kann so
besonders gut den Geschmack der Knoblauchzehen aufnehmen.
Es sieht auch richtig hübsch aus, wenn man die Bete direkt im Papier
serviert, egal ob als Vorspeise oder Beilage.

Für den einfachen, aber genialen Dip sollte unbedingt frisch geriebener
Meerrettich verwendet werden, das ist ein Unterschied wie Tag und Nacht.

4 große Rote Beten

6–8 Knoblauchzehen

4–5 EL Olivenöl

4–5 EL Mosto Cotto
(eingedickter Traubenmost)

1 kleiner Schuss Aceto Balsamico

Salz

frisch gemahlener Pfeffer

Petersilie zum Bestreuen

DIP

Blätter von 1 kleinen Bund Petersilie

200 g griechischer Joghurt

3–4 EL frisch geriebener Meerrettich

Backofen auf 175 °C (Ober- und Unterhitze) vorheizen. Backpapier in zwei Lagen auf ein Backblech legen. Die Beten gut waschen und putzen (die Enden abschneiden), da sie ungeschält zum Einsatz kommen. In Spalten schneiden und auf die Mitte des Backpapiers geben.

Die Knoblauchzehen schälen und mit einer Gabel anquetschen. Gemeinsam mit den restlichen Zutaten, bis auf die Petersilie, unter die Bete mischen. Das Papier an den Ecken nach oben ziehen und mit Küchenschnur zu einem Beutel schnüren. Das Blech in den Ofen schieben und die Beten ca. 45 Minuten backen.

In der Zwischenzeit den Dip zubereiten. Dafür die Petersilienblätter und den Joghurt mit dem Meerrettich verrühren. Die Ofenbete mit Petersilie bestreuen und mit dem Dip genießen.

Eine leckere Variante: frischen Majoran mit in das Päckchen geben. Die Petersilie dann weglassen.

OUR FAVOURITE POTATO MASH

Unser Essen für die einsame Insel. Müssten wir uns für ein Gericht für den Rest unseres Lebens entscheiden, wäre es wahrscheinlich dieses hier. Zum Glück müssen wir uns nicht entscheiden, aber wir könnten uns im Notfall sicherlich mit dem Gedanken anfreunden. Das Wichtigste sind sehr gute Kartoffeln, am besten Pfälzer. Dann kann nichts schiefgehen. Das Zweitwichtigste: eine riesige Portion kochen, damit es keine langen Gesichter gibt. Wir finden es perfekt, wie es ist, aber trotzdem schadet ein bisschen Abwechslung ab und zu nicht: Mal kommt eine Süßkartoffel oder eine Pastinake mit rein, mal etwas Kürbis. Oder geriebener Knoblauch und Dill.

2 kg allerbeste mehligkochende Kartoffeln

Salz

60 g Butter

¼ Muskatnuss, frisch gerieben

300 ml Milch

Röstzwiebeln und Dill zum Servieren

Kartoffeln schälen, waschen und in Würfel schneiden. In reichlich Salzwasser in einem großen Topf etwa 15 Minuten kochen. Wenn die Kartoffeln beim Einstechen von alleine zerfallen, sind sie perfekt. Eine Tasse Kochwasser abschöpfen, den Rest abgießen.

Die Kartoffeln mit der Butter, 1 TL Salz und der Muskatnuss in den Topf geben und mit dem Handrührgerät schlagen. Dabei mit niedriger Geschwindigkeit beginnen und langsam die Milch hineingeben. Jetzt schnell aufschlagen. Bis zur gewünschten Kosistenz Kochwasser hinzufügen und abschmecken. Mit Röstzwiebeln und frischem Dill servieren.

Für die Röstzwiebeln reichlich Zwiebelringe in einigen Esslöffeln Öl kross und goldbraun braten.

SALZGEMÜSE MIT BOHNEN-AÏOLI
FÜR EINE GROSSE AUFLAUFFORM

In Frankreich gibt es Kartoffeln, die mit Meerwasser gegossen und großgezogen werden. Sie haben einen wunderbar aromatischen Geschmack. Ähnlich geht es unserem Gemüse, das langsam im Salzbett gart und so besonders saftig und aromatisch bleibt. Am liebsten mögen wir dazu unsere weiße Bohnen-Aïoli, aber auch der Meerrettich-Joghurt (Rezept Seite 213) passt sehr gut.

Wurzelgemüse mit relativ dicker Schale wie Rote Bete, Pastinaken, Petersilienwurzeln, aber auch Kartoffeln sind am besten geeignet. Auch Topinambur schmeckt toll. Radieschen werden zu salzig. Lieber bei größerem Gemüse bleiben und auf keinen Fall zerteilen.

2,5–3 kg grobes Meersalz

1 kleines Bund Majoran

1,5–2 kg beste einheimische Kartoffeln und Wurzelgemüse (z. B. Rote Bete, Möhren, Petersilienwurzel, Pastinaken)

Salz mit den Majoranzweigen mischen und etwas verreiben, damit das Salz das Aroma besser aufnimmt. Das Gemüse waschen und putzen. Kartoffeln und Beten rundherum einstechen, das restliche Gemüse so belassen. Nun wird eingeschichtet, wobei das Salz sowohl die erste als auch die letzte Schicht bildet. Dann kommt das Gemüse in den Ofen und wird bei 175 °C etwa 45 Minuten gebacken. Großes Gemüse braucht etwas länger.

In der Zwischenzeit die Aïoli herstellen, vielleicht auch noch den oben angesprochenen Meerrettich-Dip. Jetzt geht's auf Schatzsuche: Gemüse aus dem Salz meißeln und sofort mit den Saucen servieren.

WEISSE BOHNEN-AÏOLI

1 Dose Cannellini-Bohnen

1–2 Knoblauchzehen, geschält

80 ml Sonnenblumen- oder Olivenöl

Saft von ½ Zitrone

½ TL helles Miso

Bohnen gut abtropfen lassen und mit den restlichen Zutaten sehr cremig pürieren. Nach Geschmack würzen.

BREZNKNÖDEL

Ein indischer Kollege erzählte einmal auf einem gemeinsamen Flug, dass er die indische Küche nicht mehr mag, seit er das erste Mal Knödel mit Bratensauce gegessen hatte. Seine Mutter sei deshalb inzwischen völlig verzweifelt. Ganz nachvollziehen können wir das nicht, aber was die Knödel angeht, geben wir ihm recht. Knödel sind so deutsch, dass sie in unserem Heimatkapitel genauso so wenig fehlen dürfen wie bei unserem Festessen am ersten Weihnachtsfeiertag. Dazu gibt es bei uns immer Blaukraut und Schwammerl. Ganz einfach mit Zwiebeln, Sahne, Pfeffer, Salz und viel zarter Petersilie. Die Reste essen wir am nächsten Morgen zum Frühstück, leicht angebraten als Knödelgröstl und, wenn wir ehrlich sind, freuen wir uns darauf sogar noch ein klein bisschen mehr.

1 kleine Zwiebel

1 TL Butter

3 angetrocknete Brezn (ca. 250 g), in Würfel geschnitten

250 ml warme Milch

2 Eier

¼ TL Salz

frisch gemahlener Pfeffer

einige Prisen frisch gemahlene Muskatnuss

1–2 EL fein gehackte Petersilie

Die Zwiebel schälen, sehr fein würfeln und in der Butter glasig dünsten; etwas abkühlen lassen. Brezn in eine Schale geben. Warme Milch, Eier, Gewürze, Petersilie und Zwiebel miteinander verquirlen und über die Brezn gießen. Alles gut miteinander vermischen und die Masse 20 Minuten ziehen lassen.

Danach wid die Knödelmasse eingerollt. Dazu zwei bis drei Stücke Alufolie ausbreiten und darauf jeweils Frischhaltefolie legen. Die Stücke sollten so groß sein, dass man die Knödelrollen an den Enden gut verschließen kann und dass sie gut in den Topf passen, in dem sie später gekocht werden.

Knödelmasse der Länge nach auf den Folien verteilen und jeweils zunächst in der Frischhaltefolie zu einer gleichmäßigen Rolle formen. Die Seiten der Folien einschlagen, dann das Ganze jeweils in die Alufolien rollen und die Enden wie Bonbonpapier verdrehen.

Wasser in einem großen Topf aufkochen lassen. Die Rollen ins Wasser legen, Herd ausschalten bzw. auf allerniedrigste Hitze stellen und die Rollen 20 Minuten ziehen lassen. Anschließend herausnehmen, auswickeln und in Scheiben schneiden.

OFENKÜRBIS

Ofenkürbis ist so schnell gemacht und gleichzeitig so vielseitig.
Ob im Salat oder Kartoffelbrei, als Beilage für ein Festessen oder ganz
schlicht mit einem Tahini-Dip direkt vom Blech, während der „Tatort" läuft
(so essen wir ihn übrigens am liebsten). Natürlich kommt bei uns auch
anderes Gemüse in den Ofen, aber keines wird so wunderbar cremig.

1 Hokkaido-Kürbis (ca. 800 g)
4–5 EL Olivenöl
2 TL Ras el Hanout
1 EL Misopaste
1 EL weißes Tahini (Sesampaste)
2 EL weißes Mandelmus
120 ml Mandelmilch
Saft von ½ Limette
1 EL helle Misopaste
**1 große Handvoll Petersilie und/
oder Koriander**
etwas geröstete Sesamsamen

Backofen auf 175 °C (Ober- und Unterhitze) vorheizen.

Ein Backblech mit Backpapier belegen. Den Kürbis gut von außen waschen, da er nicht geschält wird. Halbieren, mithilfe eines scharfkantigen Löffels die Kerne entfernen und den Kürbis in Spalten schneiden. Olivenöl, Ras el Hanout und Misopaste miteinander verrühren, abschmecken und die Kürbisspalten gleichmäßig damit marinieren. Auf dem Blech verteilen und 20–25 Minuten backen.

Währenddessen die Zutaten von Tahini bis helle Misopaste miteinander verrühren (evtl. mit dem Stabmixer) und abschmecken. Wenn der Kürbis aus dem Ofen kommt, mit der Sauce beträufeln und mit Kräutern und Sesamsamen bestreuen.

TAHINI-SAUCE

4 gehäufte EL Joghurt
1 EL Tahini (Sesampaste)
Saft von ½ Limette
¼ TL Salz

Alle Zutaten cremig mischen und nach Bedarf nachsalzen.

APPLE CRUMBLE MIT CUSTARD

Herbst und Winter wären ohne einen Crumble nicht halb so schön.
Wir können uns fast nichts Besseres vorstellen, als gemütlich auf dem Sofa
zu sitzen bei einem guten Film und einer Schale Crumble mit warmem
Custard, wenn es draußen kalt und grau ist. Und wenn wir es uns so recht
überlegen, möchten wir auch weder im Frühjahr noch im Sommer darauf
verzichten. Dann vielleicht lieber mit einer Kugel Vanilleeis auf dem Balkon.
Der Kombi aus warmem Obstkompott und buttrigen Streuseln konnte bei
uns bisher noch niemand widerstehen. Der hausgemachte Custard, wie die
Engländer die Vanillesauce nennen, ist einfach göttlich und für uns eine der
vielen schönen Erinnerungen an England.

**6 große heimische Äpfel
(z. B. Boskop)
1 gehäufter TL gemahlener Zimt**

**STREUSEL
180 g Mehl
150 g weiche Butter
(oder vegane Butter)
130 g Demerarazucker (hat einen
leicht karamelligen Geschmack)
abgeriebene Schale von 1 kleinen
Bio-Orange oder -Zitrone
Mark von ½ Vanilleschote**

**SAUCE
100 g Sahne
2 Eigelb
2 EL Zucker
500 ml Milch
Mark ½ Vanilleschote
2 EL Mehl**

Backofen auf 175 °C vorheizen. Äpfel schälen, klein schneiden oder
grob reiben, mit dem Zimt mischen und in eine ofenfeste Form
geben. Alle Zutaten für die Streusel in eine Schüssel geben und mit
den Knethaken des Handrührers zu Streuseln kneten. Die Zutaten
können gleichzeitig miteinander verarbeitet werden.

Die Streusel auf dem Obst verteilen und den Crumble ungefähr
30 Minuten backen. Immer wieder ein Auge in den Ofen werfen,
denn die Streusel sollten nicht zu dunkel werden.

Während ein wohliger Duft den Raum einnimmt, die Vanillesauce
kochen. Sie schmeckt auch kalt, kann also auch früher vorbereitet
werden. Dafür in einer Schale die Sahne mit den Eigelben und
dem Zucker verquirlen. Kurz stehen lassen und abermals umrühren,
sodass sich der Zucker gut auflöst.

In einem Milchtopf die Milch mit dem Vanillemark aufkochen lassen
und unter ständigem Rühren das Mehl einsieben. Weiterkochen, bis
die Milch andickt, dann zügig die Eigelb-Sahne einrühren. (Nicht
mehr aufkochen lassen.) Geht ganz schnell. Alles sofort aufessen.

KAROTTENKUCHEN
MIT MASCARPONE-ORANGEN-CREME

Ein Lieblingskuchen seit meiner eigenen Kindheit. Karottenkuchen erweckt bei mir Kindheitserinnerungen an die Schweiz, Skifahren in Adelboden, Wohnen im Lohnerhüttli (ob es das wohl noch gibt?) und Geburtstagskuchen mit Marzipanrüblis. –Kerstin

Das Lohnerhüttli gibt es noch, ich hab's gegoogelt. Für mich steht Carrot Cake für die unzähligen Besuche in unseren liebsten National-Trust-Häusern in England, die zum Glück immer mit Tee und (Karotten-)Kuchen verbunden waren. –Larissa

Allerdings, das müssen wir ganz ohne falsche Bescheidenheit sagen, schmeckt er uns inzwischen zu Hause am besten. Saftig und gewürzt mit Zitrusschale und einer Spur Orient. Wer von der langen Zutatenliste abgeschreckt ist, dem sei gesagt, dass man das Rezept auch vereinfachen kann: Statt Zimt und Café d'Arabe nur Zimt. Statt Mehl und Haferkleie nur Mehl und statt Karotten und Süßkartoffel nur Karotte.

180 g weiche Butter (oder vegane Butter)
200 g Zucker
Schale von 1 großen Bio-Zitrone (oder -Orange)
1 gehäufter TL gemahlener Zimt
1 gehäufter TL Café d'Arabe
1 TL Vanilleextrakt
1 Prise Salz
125 ml Mandelmilch
100 g gemahlene Mandeln
100 g Mehl
100 g Haferkleie
1 gehäufter EL Backpulver
150 g fein geriebene Karotten
100 g fein geriebene Süßkartoffel

Für die Garnitur die Nüsse in einer Pfanne trocken, also ohne Fett, anrösten. Zucker darüber rieseln lassen und karamellisieren. Sobald der Zucker flüssig und braun wird, alles schnell gut mischen und den Zucker verteilen. Die karamellisierten Nüsse sofort zum Abkühlen auf einen Teller geben.

Backofen auf 175 °C (Ober- und Unterhitze) vorheizen. Eine große Springform (26 cm Durchmesser) mit Backpapier auslegen und die Formwand gut einfetten.

In einer Rührschüssel mit dem Teig starten. Zunächst die Butter mit dem Zucker schaumig schlagen, dann nacheinander und wie aufgeführt die restlichen Zutaten unterrühren. Auf keinen Fall Saft aus den Möhren drücken. Je saftiger die Möhren sind, desto besser.

Den Teig in die vorbereitete Form geben und 30–40 Minuten backen. Nach 30 Minuten eine Garprobe mit einem Holzstäbchen machen. Wenn nichts Flüssiges am Stäbchen hängen bleibt, ist der Kuchen fertig. Aus dem Ofen nehmen und gut auskühlen lassen. Dann erst die Creme darauf verteilen. Zum Schluss mit den Karamell-Walnüssen verzieren.

MASCARPONECREME

200 g Mascarpone

150 g Frischkäse

60 g Puderzucker

abgeriebene Schale von 1 großen
Bio-Orange

GARNITUR

100 g Walnusskerne

1–2 EL Zucker

Für die Mascarponecreme alle Zutaten miteinander verrühren und die Creme kalt stellen. (Sooo gut, dass man aufpassen muss, sie nicht schon aufzuessen, bevor der Kuchen fertig ist.)

ROTWEINBIRNEN

Rotweinbirnen haben wir das erste Mal vor vielen Jahren bei Freunden serviert bekommen, die beide keinen Nachtisch mögen. Oder sagen wir es anders. Sie mögen keine Süßigkeiten. Zucker existiert in ihrem Leben nicht. Wir erwarteten also Schlimmstes, als es Zeit fürs Dessert war. Dann kamen die Rotweinbirnen. Nicht mit Eis, nicht mit einer süßen Sauce, sondern auf einem Roquefortschaum. Es konnte also doch schlimmer kommen, als angenommen. Dachten wir. Bis zum ersten Bissen! Dann haben wir alles zurückgenommen.

In diesem Rezept haben wir den Rotweinsud eingekocht und leicht eingedickt. Dazu passt dann beides: Entweder die aufgeschlagene Sahne mit Blauschimmelkäse oder eine süße Variante mit Eis oder Sorbet. Die Birnen schmecken aber auch fantastisch in einem knackigen Feldsalat (am besten Orangen-Ahorn-Dressing) mit gerösteten Nüssen und salzigem Granola.

200 ml trockener Rotwein

¼ TL gemahlener Zimt

10 Gewürznelken

½ Vanilleschote

6 Minibirnen

200 ml Portwein

BLAUSCHIMMEL-SAHNE

50 g Blauschimmelkäse

150 g Sahne, steif geschlagen

Den Rotwein mit den Gewürzen aufkochen; vom Herd nehmen. 10 Minuten ziehen lassen. Nun die Birnen in den Topf setzen und den Portwein darübergießen. Alles erhitzen und noch 10 Minuten köcheln lassen. Die Birnen in ein ausreichend großes Schraubglas geben, mit dem warmen Weinsud auffüllen, über Nacht kalt stellen.

Zum Servieren den Blauschimmelkäse im Wasserbad schmelzen und die Sahne darunterziehen (sie fällt natürlich etwas zusammen).

• Für einen Salat können die Birnen kalt bleiben, für ein Dessert kurz aufwärmen und den Sud entweder mit etwas Maisstärke binden oder 30 Minuten einkochen lassen.

BAISER

Den Backofen auf 100 °C vorheizen. Ein Backblech mit Backpapier belegen.

4 Eiweiß in einer Rührschüssel sehr steif schlagen. Nach und nach 180 g feinen Zucker einrieseln lassen, dabei auf höchster Stufe weiterschlagen, bis der Zucker aufgelöst und eine dick-cremige Masse entstanden ist. In einen Spritzbeutel füllen und die Baisermasse tropfenförmig auf das Blech spritzen. 80–90 Minuten im Ofen trocknen lassen.

HIMBEERPAVLOVA

Noch so ein Liebling. Und noch so eine kleine Sünde, für die wir immer wieder zu sündigen bereit sind. Lustigerweise ist sie auf Festen immer sofort weg. Vielleicht, weil keine Inhaltsangaben dabeistehen. Vielleicht, weil die Himbeeren so verführerisch aussehen. Vielleicht aber auch, weil das Fruchtcoulis eben doch ein paar Vitamine enthält. Am liebsten würden wir das Wort Sünde auch direkt wieder streichen: Man darf es ja wohl ab und zu noch krachen lassen – diese Pavolva ist es auf jeden Fall wert. Die darf sich gerne auf unsere Hüften setzen.

Am schönsten sieht sie natürlich in einem Glasgefäß aus, in alten Einmach- oder Marmeladengläsern. An Partys und in der großen Runde kommt sie am besten in einer riesigen Vase zur Geltung. Spätestens dann kann ihr wirklich niemand mehr widerstehen.

150 g tiefgefrorene Himbeeren, aufgetaut

50–60 g Zucker + 2 EL

1 Schuss Kirschwasser (optional)

350 g Sahne, sehr gut gekühlt

Mark von 1 Vanilleschote (alternativ 1 guter TL Vanilleextrakt)

250 g Crème fraîche, gut gekühlt (oder Crème double)

150 g Baisertropfen, selbst gemacht (Rezept siehe linke Seite) oder vom Bäcker des Vertrauens

250 g frische Himbeeren

Die tiefgefrorenen Himbeeren auftauen, mit 2 EL Zucker verrühren und fein pürieren. Wer möchte, kann einen kleinen Schuss Kirschwasser hinzufügen. Aber Achtung, falls Kinder anwesend sind: Der Alkohol verkocht oder verfliegt nicht.

In einem großen hohen Rührbehältnis (am besten vorher im Gefrierfach runtergekühlt) die Sahne mit 50–60 g Zucker und dem Vanillemark sehr steif schlagen. Vorsichtig und gleichmäßig die Crème fraîche unterheben und sofort mit dem Schichten anfangen – mit einer Schicht Baisers am Boden beginnen und oben mit frischen Himbeeren abschließen.

Am besten schmeckt die Pavlova ganz kalt, deshalb ist es empfehlenswert sie bis zum Verzehr ins Gefrierfach zu stellen und rechtzeitig vorher rauszuholen. Die Pavlova sollte keinesfalls länger als 1 Stunde im Freien gewesen sein. Im Winter stellen wir sie, wenn sie fertig ist, raus auf den Balkon, unsere erweiterte Vorratskammer.

TIRAMISU

In einer Sache werde ich immer stur sein: Ich esse nur das Tiramisu meiner Mutter. Punkt. –Larissa. Und genau deshalb ist das Tiramisu auch im Kapitel „Heimat" und nicht in „Italien". Diese Nachspeise gibt es bei uns nämlich ausschließlich zu Hause.

Mascarpone ist, egal von welchem Anbieter, immer wieder eine Überraschung. Manchmal ist sie zu weich, manchmal extrem fest. Uns ist die feste lieber. Wenn eine Mascarpone sehr feucht ist, ist es besser, die Löffelbiskuits nicht zu sehr zu tränken, damit sie noch überschüssige Feuchtigkeit aus der Creme aufnehmen können. Wie viele Löffelbiskuits tatsächlich benötigt werden, hängt stark von der Form ab. Bei uns gilt, so viel Creme wie möglich, dafür nur eine Lage Biskuits.

18 große Löffelbiskuits

180 ml starker schwarzer Kaffee (ab-
gekühlt, am besten aus Pulverkaffee)

70 ml Marsala Fine
(alternativ: süßer Sherry mit
ein wenig Amaretto gemischt)

4 Eiweiß

750 g Mascarpone

3 Eigelb

70 g Zucker

1 EL Marsala

4 EL Kakaopulver

Die Löffelbiskuits in einer geeigneten Form auslegen. Kaffee und Marsala mischen und gleichmäßig darüber verteilen.

Die Eiweiße in einer Rührschüssel sehr steif schlagen. In einer zweiten Schüssel die Mascarpone mit Eigelben, Zucker und Marsala aufschlagen. Den Eischnee vorsichtig unter die Masse heben und auf dem Biskuitboden verteilen. Den Kakao in ein kleines Haarsieb geben und gleichmäßig über die Creme sieben. Einige Stunden kalt stellen, am besten über Nacht durchziehen lassen.

BLAUBEER-KOKOS-KUCHEN

Ein Kuchen für alle Kokosliebhaber und diejenigen, die lieber Kuchen essen, als viel Zeit mit Backen zu verbingen. Er ist nämlich sehr, sehr schnell und praktisch ohne Aufwand gemacht. Einfach die Schüssel auf die Waage stellen und alle Zutaten nacheinander hineingeben. Deshalb ist die Mengenangabe für die Hafersahne auch in Gramm. Der Kuchen kommt völlig ohne Eier aus und schmeckt mit Himbeeren oder Heidelbeeren gleichermaßen.

130 g Bio-Kokosöl

175 g Zucker

175 g Mehl

150 g gute Kokosflocken

150 g Hafersahne

1 EL Backpulver

100 g Heidelbeeren

100 g Himbeeren

ca. 2 EL Zucker für die Kruste

ca. 2 EL Kokosflocken für die Kruste

Den Backofen auf 175 °C vorheizen.
Den Boden einer runden Springform mit Backpapier belegen und den Innenrand der Form gut fetten. Die ersten sechs Zutaten in eine Rührschüssel geben und mit dem Handrührgerät auf höchster Stufe gleichmäßig verrühren.

Die Beeren vorsichtig unterheben, den Teig in die Springform geben und zunächst 15 Minuten backen. Zucker und Kokosflocken über den Kuchen verteilen und den Kuchen weitere 10–15 Minuten backen, bis er goldbraun, aber keinesfalls dunkel ist. Gut auskühlen lassen.

WALNUSS-BEEREN-MUFFINS

Dürfen bei keinem Picknick und keiner Autofahrt fehlen. Beim Picknick darf gekrümelt werden, im Auto nicht. –Michael

200 g weiche Butter

200 g Zucker

1 Prise Salz

½ TL gemahlene Zimtblüte oder Café d'Arabe-Gewürzmischung

abgeriebene Schale von 1 Bio-Orange

1 Ei (optional)

150 g griechischer Joghurt

200 g Mehl

1 EL Backpulver

100 g geriebene Walnusskerne

200 g frische Heidelbeeren oder auch Brombeeren oder Himbeeren
(Bei tiefgefrorenen Früchten lieber etwas weniger nehmen, da diese leicht batzig werden.)

Zucker zum Bestreuen (optional)

Den Backofen auf 175 °C vorheizen.
Butter und Zucker mit Salz, Gewürz und Orangenschale schaumig schlagen. Wenn mit Ei gewünscht, wäre jetzt die Gelegenheit, es in die Schüssel zu schlagen. Wenn nicht, als nächstes den Joghurt hinzufügen und weiterschlagen. Dann kommen Mehl, Backpulver und Walnüsse in Mischung und werden gut untergemengt, bevor die Beeren mit einem Gummispatel vorsichtig eingerührt werden.

Teig sofort in Muffinförmchen füllen und 20–25 Minuten backen. Wer eine Zuckerkruste wünscht, kann nach 10–15 Minuten Backzeit etwas Zucker über die Muffins streuen und sie dann fertig backen.

BRACHVOGELS WEIHNACHTSPUNSCH

Seit Jahren gehen wir am 24. Dezember vormittags mit Freunden, Familie und Nachbarn zum Schlittschuhlaufen rüber ins Prinzregentenstadion zu einem kleinen Vorweihnachtsfest. Manche quatschen auch nur oder schauen zu, aber alle bringen etwas mit: Plätzchen, Kuchen, Sekt, Selbstgemachtes oder -gekauftes, völlig egal. Es ist ein wunderbarer Brauch geworden, weil es so viel Ruhe und Entspannung in den Tag bringt, und wir uns alle noch mal sehen, bevor jeder in seiner Familie feiert. Und das Beste ist, dass wir uns auf eines immer verlassen können: Michael bringt seinen berühmten Punsch mit.

Der wird rechtzeitig vor Weihnachten nach altem Familienrezept produziert und wer Glück hat, bekommt beim Schlittschuhlaufen sogar eine Flasche geschenkt.

375 g Zucker
1 Vanilleschote
15 Gewürznelken
5 Sternanis
½ TL gemahlener Zimt oder 1 Zimtstange
abgeriebene Schale von 2 Bio-Orangen
geriebene Schale von 1 Bio-Zitrone
1 gehäufter TL Roibos-Tee
Saft von 4 Orangen
Saft von 1 Zitrone
1 Flasche brauner Rum (40%)

500 ml Wasser in einem großen Topf aufkochen lassen. Vanilleschote der Länge nach aufschneiden und das Mark herausschaben. Mark und Schote in den Topf geben. Auch die anderen Gewürze und die Zitrusschalen hinzufügen und 10 Minuten durchkochen lassen.

Topf vom Herd nehmen, den Tee hineinrühren und alles weitere 5 Minuten ziehen lassen. Durch ein Haarsieb abseihen und mit den gepressten Säften und dem Rum mischen. Wer kein Fruchtfleisch mag, kann auch den Saft durch das Haarsieb gießen. In diesem Fall, das Fruchtfleisch gut ausdrücken.

Punsch in Flaschen abfüllen. Für eine Tasse Heißgetränk ein Drittel mit Punsch füllen und mit kochendem Wasser aufgießen.

DANKE

Regina. Dafür, dass du auf uns zugekommen bist und das Vertrauen hattest, dieses Kochbuch mit uns zu machen. Wir freuen uns sehr, dass uns das Internet zusammengebracht hat und wir dieses tolle Projekt gemeinsam umsetzen konnten.

Anja. Dafür, dass du für uns die beste Grafikerin bist und sofort verstanden hast, wie wir kochen, denken und fühlen. Und dafür, dass du jederzeit für uns da warst.

Bine und Alf. Dafür, dass ihr uns von klein auf die Wichtigkeit von Reisen und gutem Essen mit auf den Weg gegeben habt und dabei unzählige eingebrannte Pfannen und ruinierte Zutaten in Kauf genommen habt.

Michael, Paulina, Henri und Victor. Dafür, dass ihr die stunden-, nein, die tage- und monatelangen Gespräche über Essen, Kochen und das Buch sowie das ständige Fotografieren vor dem Essen ertragen habt. Paulina: Du bist die beste Bäckerin der Familie! Ihr alle habt etwas gut bei uns – vielleicht ein gemeinsames Essen ohne Fotos?

Annette, Gianni, Antonio, Bandino, Mario, Christina und der gesamten Fattoria La Vialla. Dafür, dass wir uns dort seit 23 Jahren zu Hause fühlen dürfen und immer wieder verwöhnt werden. Mit Essen, mit Wein und mit Großzügigkeit. Danke an euch alle, besonders aber an Luigina, die mit uns gekocht hat, und an Annette, die für uns die letzten Steinpilze des Herbstes aufgetrieben hat. Wir sehen uns im Frühjahr … und im Herbst und wann immer.

Agne. Dafür, dass du jahrelang eine liebevolle Hilfe mit den Kindern warst, danach eine wunderbare Freundin geblieben bist und heute noch gerne mit und für uns kochst. Am liebsten natürlich Blinsen mit Zimt und Zucker.

Karin und Wolfgang. Dafür, dass wir in eurer Küche auf dem Bauernhof kochen durften, als unsere noch nicht fertig war. Und fürs Mitfreuen.

Christine, Gabi, Franzi, Lexi, Uschi, Susanna, Gudrun und so vielen mehr dafür, dass ihr euch so sehr mit uns freut. Ihr seid die Besten. Uschi und Gudrun. Mit euch macht Kochen einfach noch mal doppelt Freude. Und Arthur (du weißt wofür!). Wir denken so oft an deine Begeisterungsfähigkeit und deine Ideen.

Simone. Dafür, dass du uns für einen Tag auf den Markt und beim Kochen begleitet und viele schöne Mutter-Tochter-Momente von uns eingefangen hast.

Simona und ihrer Familie – notperfectlinen. Für eure Freundschaft und meine Lieblingsschürzen und -kleider aus litauischem Leinen.

Claudia und Cornelia. Dafür, dass ihr so viel Geduld und Enthusiasmus mitgebracht habt. Bitte entschuldigt unsere vielen Extrawünsche.

Am allerherzlichsten bedanken wir uns bei jedem, der sich in unser Buch verliebt hat.

Kerstin und Larissa Brachvogel

REZEPTREGISTER

IMPRESSUM

Redaktion: Claudia Bruckmann
Lektorat: Cornelia Klaeger
Korrektorat: Petra Bachmann
Fotografie: Kerstin Brachvogel, Larissa Brachvogel,
Simone Gänsheimer
Icons: averole, eveleen, Ku_suriuri, LDDesign, lilac,
Bahruz Rzayev, vectorisland, VectorPic,
Viktorya170377 (shutterstock.com)

Umschlaggestaltung und Layout: Anja Moritz
Satz: Joachim Buhmann, Christiane Hunstein
(ch-format.de)
Herstellung: Markus Plötz
Druck: Firmengruppe Appl, Wemding
Bindung: Conzella, Pfarrkirchen
Repro: Repro Ludwig, Zell am See

Printed in Germany
ISBN 978-3-8338-6523-7

1. Auflage 2018

www.graefeundunzer-verlag.de

Ein Unternehmen der
GANSKE VERLAGSGRUPPE